身处当下，我们对时间的力量往往无从感知；

回头看去，时间的价值却令我们惊叹不已……

投资，是一场人生的修行。

入世有道，出世无门，功不唐捐，玉汝于成。

悟道价值投资

VALUE INVESTMENT
STRATEGY
AND **PRACTICE**

崔波◎著

中国市场出版社
China Market Press
·北 京·

图书在版编目（CIP）数据

悟道价值投资 / 崔波著. — 北京：中国市场出版社有限公司，2021.5
ISBN 978-7-5092-2080-1

Ⅰ. ①悟…　Ⅱ. ①崔…　Ⅲ. ①投资－经验－中国　Ⅳ. ①F832.48

中国版本图书馆CIP数据核字（2021）第094693号

悟道价值投资

WUDAO JIAZHI TOUZI

著　　者　崔　波
责任编辑　辛慧蓉（xhr1224@aliyun.com）

出版发行　中国市场出版社 China Market Press
社　　址　北京西城区月坛北小街2号院3号楼　　**邮政编码**　100837
电　　话　编 辑 部（010）68033692　读者服务部（010）68022950
发 行 部（010）68021338　68020340　68053489
68024335　68033577　68033539
总 编 室（010）68020336
盗版举报（010）68020336

印　　刷　河北鑫兆源印刷有限公司
规　　格　145mm×210mm　32开本
印　　张　8.5　　**字　　数**　210千字
版　　次　2021年5月第1版　　**印　　次**　2021年5月第1次印刷
书　　号　ISBN 978-7-5092-2080-1　　**定　　价**　68.00元

序　言

在三个月前，我就已经拿到了这本书的初稿，迫不及待地用了一整天时间细细读过。但是却又迟迟没有落笔，生怕写得不够全面，也生怕无法充分表达自己对于本书的喜爱之情。在2021年新年期间，又多读了几遍，终于可以落笔了。

我与崔波已经相识多年，从九鼎投资时期开始，到后来共同经历了千亿房地产计划项目，交流日益频繁，彼此分享包括一级市场、二级市场投资的一些心得。尤其近几年我创立了新鼎资本，崔波也走上了独立投资人的道路，我们的交流就更加密切。对于投资的看法、对于项目的判断，虽然各自角度不同，但殊途同归，我们观点都非常一致，经常地，也在一起感慨过去的一些投资经验和教训，一些市场中本可以避免的投资错误，一些过去因为认知不到位错过的投资机会，尤其经常讨论的，是如何做好投资的问题。而每每谈到价值投资，谈到巴菲特，崔波总是滔滔不绝，理论深入联系实际，可以举出诸多案例。大家都感受到了巴菲特价值投资对他的深入影响。

本书分为三部分。第一部分结合作者本人多年的投资经验，重点介绍作者自己理解的价值投资。价值投资看似简单，真正能够做到却是需要多年的实践积累和不断试错的结果。读过这部分相信每个读者对于价值投资会有更深层次的理解。

其中：

“如何成为一个合格的职业投资者”一篇，深入浅出地分析了如何成长为合格的投资者的五个必经之路。相信这五个必经之路，也是作者本人多年亲身经历过之后的深度总结。我读过之后，感觉似乎也都是自己走过的那些路。

“关于价值投资的思考”一篇，是作者自己从技术分析走向基本面分析和价值投资的过程。作者的很多思考发人深省，包括“在投资决策中，结果往往由初心来决定，一个人如果起心动念就是要赚快钱，那结果十之八九不会乐观”“投资中最重要的心理控制是时刻提醒自己要忘掉一夜暴富”，等等。

“关于投资视角下的财务分析”“关于商业模式的价值分析”“关于上市公司的竞争优势分析”，这些章节是从不同层面告诉读者如何分析和判断企业的内在价值，都是作者多年亲身实践而形成的独特的分析方式。

“如何理解股票价格”“价格判断的核心要点”“价值投资一定要求价格低吗”，这些章节围绕价格与价值的关系展开，都是投资者日常能够遇到的现实问题，也是我们投资人实时在思考的实操问题。

“关于投资活动中的理性认知偏差”“投资活动中常犯的逻辑错误”“如何建立交易系统”“如何在投资中做好压力管理”“如何克服投资中的沮丧情绪”“金融投机的风险和行为约束”“止损一定是理性的吗”，这些章节，围绕股价下跌、暂时被套等情况，就如何面对、如何克服进行了深入讨论，读来能深切感受到作者在重压之下的亲身经历。投资永远是少数人做正确的事情，如何克服外部压力、如何建立系统等，都是作者多年的亲身经验之谈。

第二部分是宏观经济形势和一些时事热点分析。作者对时代发展趋势进行了广泛探讨，包括国际货币体系和人民币国际化、人民币贬值问题、宏观经济所面临的风险、新冠肺炎疫情的影响、科技股行情、美国问题、银行与地产、中国制造以及投资与健康等方方面面的内容。

股市是宏观经济的晴雨表。我也始终认为，投资最终赚取的是趋势的钱，在大的宏观经济趋势向上的情况下，抓住行业趋势机会，就可以赚取很好的收益。而作者对于宏观经济和热点问题的关注，就是在关注更大的时代趋势。“方向比努力更重要，模糊的准确胜过精准的清晰”，是我在投资中长期的理念，与作者的观点也不谋而合。抓住行业的大趋势、大方向，才不会犯大的错误，只要不犯大的错误，就有可能抓住大的机会。同时，投资是长跑，好的身体是革命的本钱，如果希望像巴菲特那样长期做好投资，起码需要有他那样好的身体。

第三部分，作者总结了过去三年A股市场的情况，虽然每年的行情有所不同，但有很多共性，这是一条永无休止的投资之路。

我从2009年加入九鼎投资、2015创立新鼎资本到如今，从事一级市场股权投资行业已超过10年，目前管理着近60亿元的资金。看到过这个行业太多的起起伏伏，深感投资行业的不易。我们投出去的资金，都来自信任我们的出资人。把资金交给我们，都是希望能够获得良好的收益。投资收益是认知的变现，作为基金管理人，只有自己的认知能力更高，才能为客户赚取更高的收益，才能维护住信任我们的客户，继而继续有资金供给，去投资更优质的项目。因此，对于基金管理人来说，不断提升自身认知能力尤为关键，包括对产业的认知、对未来的认知、对企业实际控制人的判断和认知等。投资行业是一个永无止境，需要终生不断学习和提高自身认知能力的行业。

本书作者，正是在过去若干年，不断地提升自身的认知能力，同时又不断地总结，今日得将过往的投资体悟结集成书。这本书总结了作者超过10年的投资心得，每一篇都是真知灼见，每一句皆为肺腑之言。读本书，可以感受到作者是如何一步步经历，一步步成长，一步步成为“职业投资人”。

相信很多人都有过投资的经历，特别是对股权和股票市场的投资。本书的每篇文章都通俗易懂，没有太多的专业术语，而是用浅显的语言讲述着投资的核心逻辑。认真去读，去思考，每个人都会有很多收获。与其在A股跟风炒股票，成为一茬又一茬的

“韭菜”，不如静下心来，认真读一读这本书。

书中有作者很多的金句，包括：“做正确的事，赚干净的钱，这是价值观塑造的核心原则”“股票市场英雄辈出，每一波牛市都会造就一批所谓的股神，但真正能够长期跑赢市场者却寥若晨星”“一旦动了赚快钱的念头，就很难守住价值投资的道了”“投资的过程，本质上是一个不断对自我逻辑进行修正的过程”“止损只是风控最后的手段，真正占据风控核心地位的要素是仓位”，等等。更多的经典语句，等着读者去挖掘，相信大家都会从文章中读到那个做投资的曾经或现在的自己。

在投资这条路上，没有终点，我们每个人，都是一直在路上，在不断地学习、不断地自我修正的过程中，而这也正是投资的无限魅力所在。

最后，祝每位投资者，通过阅读此书，都能成为一名“合格的职业投资人”。

啃哥张驰
2021年春于北京

致敬巴菲特

代自序

对于职业投资人来说，关于价值投资的理解和实践，是一生都在追寻的目标。巴菲特已经成为在世的传奇，也成了无数人在价值投资道路上的精神向导。事实上，在众多汗牛充栋的投资宝典中，巴菲特的书是最容易读的，通篇没有一个数学公式，全是连小学生都可以流畅阅读的通俗文字。然而，真正能够读懂巴菲特的人，现实生活中却并不多。

就我自己来说，早在上大学的时候，就开始看巴菲特，但当年对于巴菲特的种种建议和忠告，除了懵懂的欣赏之外，完全没有感性的认知，以至于在参加工作之后，早年对于巴菲特的印象都被遗忘得一干二净。当自己也真正投身于财富管理行业，经过很多年的兜兜转转，摔得浑身是伤之后，才豁然发现，其实在很多年前，巴菲特就把他深邃的投资哲学用直白的文字告诉了大家。文字浅显未必代表思想不深刻，大道至简，要读懂巴菲特，除了要有对投资的热爱、悟性和实践之外，更需要足够的时间积累和人生阅历。

每年的伯克希尔哈撒韦股东大会，巴菲特和芒格这一对老哥儿，都会在奥马哈的会议中心坐上六七个小时，跟大家心无旁骛地分享和交流。两人是如此的睿智和精力充沛，丝毫不会让你觉得他们已经是接近百岁的老人。此时此刻，你所听到的，不仅仅是他们对于投资的理解，更有着百年积累的人生体验和生活哲学。尽管已到人生暮年，巴菲特和芒格仍然会为发现难得的投资机会激动到睡不着觉，更会为这个看好的公司畅想和规划二十年后的未来，让你不得不惊讶于他们竟然拥有如此旺盛而令人羡慕的生命状态。巴菲特和芒格，已经将自己活成了人类社会的瑰宝，他们带给这个世界最大的贡献并不是富可敌国的财富，而是一种理性乐观、积极入世的人生态度，这也是我们向巴菲特学习的真正可贵之处。

而这也正是笔者对这些年投资心得进行整理的初衷。现在市面上关于投资的书籍，要么过于简单，纯粹属于科普扫盲，价值不大，要么过于深奥，满篇的公式推导，令人望而却步。事实上，投资离不开常识，特别是对于价值投资来说，体现的其实是对商业本质的洞察和理解。很多人热衷于通过模型和计算找到投资的安全边际或价值确认，但在我看来，投资价值和商业价值是两回事，标的物的投资价值，或许可以通过各种资产定价模型计算出来，但由于涉及大量前置条件和对未来的假设，这种计算得出的结果本身也是不精确的，最多是给我们投资定价提供一个参考。而商业价值，则是完全无法量化的，正如每个读者眼里都会有自己的哈姆雷特一样，面对同一个公司，一百个人眼里也会有一百个价格，这个价格，并不是由存量资产决定的，而是投资者对公司未来预期在当下的反映。所以，对于商业价值的判断能力，很大程度上决定了我们投资的成败。

多年来，在投资这条路上，笔者虽然经过很多的坎坷和波折，但从来没有对价值投资有过丝毫的怀疑。一直以来，正是在价值投资的理念指导下，才有了投资逻辑的不断完善，投资方法的不断改进。这个实践过程，充满了曲折受挫的不易，更充满了寻真悟道的乐趣。将这一路的所思所想整理出来，一方面是对自我投资生涯的阶段性总结，另一方面，也希望能够将经验和教训分享给更多的朋友，这些充满疼痛和喜悦的思考，相信会对大家有所帮助。事实上，我本天资平庸，能够在投资事业上一路坚持，原因无他，纯粹热爱而已，而如果没有价值投资的指引，我至今可能还在追涨杀跌的沉浮中百转千回，荒度余生。

本书仅仅是个人投资实践的总结，价值投资博大精深，囿于人生阅历和个人能力，笔者对价值投资的理解还远远不够深刻和全面，请大家在阅读过程中能够保持独立和批判的视角。为了行文的流畅，文中基本没有对专业的名词进行过多解释，如果对于投资和金融市场完全不了解，阅读本书可能会有些障碍。但是有过股票市场参与经验的朋友，一定会在书中找到共鸣。

书中收集的文章，主要是近三年来笔者的日常投资心得，为了让大家更容易理解当时的背景，文前都标明了写作日期。而为了让读者朋友能够更加流畅地阅读和理解，文章没有根据时间线进行整理，而是按照内在逻辑安排的。

本书主体框架包含了三个部分。第一部分是关于价值投资的认知，涵盖了价值判断、价格判断、交易体系、风险管理等内容。第二部分是关于宏观经济分析和时事热点，包括国际货币体系、汇率、人民币国际化等内容。第三部分是关于A股的市场分析，涵盖了近三年的年终总结。这些文章不仅阐述了形而上的投资理念，也从我本人的投资实践出发，归纳总结了形而下的投资方法，希望能够使读者朋友们对价值投资达到既可理解又可运用的目的。

价值投资并不神秘，甚至也并不“性感”，它就像一条忠诚的看门狗，日复一日地帮你看家护院，守护着你的财富，低眉顺眼，平平淡淡，甚至会让你忘掉它的存在。可一旦遇到坏人来打劫，它就会挺身而出，拒敌于门户之外，带给你踏踏实实的安全。希望每一位投资者都能够拥有守护自己财富的“看门狗”。

谨以此作向巴菲特先生致以最高的敬意。

2021年春

目录
CONTENTS

Part 1 关于价值投资的认知

股票投资的优势 // 003

如何成为一个合格的职业投资人 // 008

基础知识 // 009

投资体系 // 012

实战检验 // 015

人生阅历 // 017

价值观塑造 // 019

关于价值投资的思考 // 023

投资视角下的财务分析 // 029

成长性 // 030

ROE // 032

规模优势 // 034

商业模式的价值分析 // 039

行业增长 // 040

行业容量 // 041
行业壁垒 // 041
行业毛利率 // 042
业务形态的议价能力 // 043

上市公司的竞争优势分析 // 046

成　本 // 047
规　模 // 049
品　牌 // 051
渠　道 // 053
管　理 // 055
人　才 // 056
研　发 // 057
产品唯一性 // 059
资本投入 // 060
竞争格局 // 062

如何跟踪企业的边际变化 // 064

如何理解股票价格 // 072

价格判断的核心要点 // 077

股价下跌的机会成本分析 // 078
市盈率和成长性的关系 // 079
市净率和ROE的关系 // 082
成长性和ROE的关系 // 083
公司价值和利润增长之间的量化关系 // 085
数据验证与案例分析 // 086

价值投资一定要求价格低吗 // 088

投资活动中的理性认知偏差 // 092

投资活动中常犯的逻辑错误 // 096

错误归因 // 096

因果倒置 // 097

认知偏差 // 098

宏观谬误 // 100

从众心理 // 101

如何建立交易系统 // 103

缜密的逻辑支持 // 103

完整的策略设计 // 105

严格的过程执行 // 107

交易系统的一致性原则 // 108

如何在投资中做好压力管理 // 110

如何克服投资中的沮丧情绪 // 113

金融投机的风险和行为约束 // 116

轻 信 // 117

诱 惑 // 117

放 纵 // 118

方 法 // 118

认 知 // 119

止损一定是理性的吗 // 121

投资决策的负面清单 // 126

主业占比 // 127

并购陷阱 // 127
补贴占比 // 129
有无实际控制人 // 130
商誉资产 // 131
经营性现金流 // 132
政府采购占比 // 133
大股东质押比例 // 134

Part 2 宏观经济和热点分析

中国宏观经济面临的风险 // 139

短期：债务风险 // 139
中期：工业化风险 // 141
长期：劳动力风险 // 144

国际货币体系与人民币国际化 // 148

黄金的价值 // 149
英镑的统治 // 152
美元的崛起 // 153
欧元的挑战 // 158
日元的成长 // 161
人民币的未来 // 163

如何看待人民币的贬值 // 168

全世界正在进入人民币资产的配置周期 // 172

关于中美贸易冲突 // 176

疫情风险对股票市场的影响 // 181

如何理解科技股行情 // 185

关于美股暴跌的讨论 // 190

如何理解银行让利实体1.5万亿元 // 196

谈谈银行和地产 // 200

如何看待美元的下跌 // 205

谈谈中国制造业 // 211

关于健康和投资 // 216

Part 3 股票市场年度分析

2018年股市结语 // 223

2019年股市结语 // 233

2020年股市结语 // 244

后 记 // 251

Part I

关于价值投资的认知

股票投资的优势

2020–06–28

身边经常有朋友询问，手里有点钱应该怎么做投资。虽然现在中国的有钱人越来越多，但事实上，大多数人对于投资理财还处于很懵懂的状态。

中国目前的人均GDP（国内生产总值）已经超过了1万美元，正在逐步接近世界平均水平。过去的40年，中国人财富积累的速度超过了任何一个国家，而在看得见的未来，中国将会有超过3亿人成为中产阶级，超过美国和欧盟工业化国家的总和，成为全世界中产阶级人数最多的国家。这个背景之下，中国人不再仅仅固守于劳动致富，资产性收入在整体收入结构中也逐渐占据越来越大的比例。这意味着，无论懂不懂理财和投资，未来都将有数以亿计的中国人不得不面对自身的资产管理问题。

如今，财富管理已经成为非常热门的话题。然而真实的情况却是，在过去的20年里，由于种种外部因素，以及居民自身的能力不足，导致中国人在投资理财方面损失惨重。从传销到高利贷、从担保公司到P2P（点对点网络借款）、从非标金融到基金信托、从股权到股票，老百姓几乎处处被收割，在成为“韭菜”的道路上防不胜防。

由于职业关系，笔者亲历了中国财富管理市场中的种种乱象，非常深刻的一点体会就是，普通人要想避免成为“韭菜”或者取得一定的理财成绩，一定要花些功夫去提高自己的投资认知和风险识别能力，不要盲目轻信亲友的推荐和机构的话术。江湖险恶，靠谁都不如靠自己。

过去的十年，由于赶上了中国资产证券化蓬勃发展的历史阶段，中国股权投资市场也是风起云涌，导致大量的资本进入了VC/PE[①]领域。头些年，因为门槛很高，能够参与股权投资本身就是身份的象征，导致众多有钱人趋之若鹜。不幸的是，从现实的情况来看，真正在股权投资上取得不错回报的投资者凤毛麟角，大部分人都收获寥寥，甚至于血本无归。如果说中国的股票市场收割了散户，那么股权市场却是成批地收割了富豪。

对于普通人来说，虽然目前可供选择的大类资产很多，但在我看来，说到适合老百姓的投资，股票或许还是最好的选择。虽然从历史上来看，中国的散户投资者赔得惨不忍睹，但毫无疑问，在中国，通过持有金融资产获得投资收益的大时代正在来临。

普通的散户朋友一定要树立正确的投资观，切记股票是用来投资的，不是用来炒的。回溯历史，A股市场投机盛行，股票的市场化定价被严重扭曲，各路资金都在追求短平快的博弈交易，使得普通老百姓也被错误地教育成了追涨杀跌的投机者，不注重

① VC：Venture Capital，风险投资。PE：Private Equity，私募股权投资。

资产的长期持有价值，反而对概念炒作意兴阑珊，造成了垃圾股票的价格飞涨，而优质资产的价值却长期被严重低估。然而，随着中国经济步入结构化调整，以及资本市场国际化的不断深入，自2017年以来，A股市场开启了“白马股”行情，一大批蓝筹股步入了价值回归的阶段，股价不断创出新高，由此也引导市场的投资风格出现了显著切换，价值投资开始在中国被越来越多地普及和接受。在看得见的未来，中国的核心资产不仅会被国内资本长期关注，也会成为全球资本追逐的热点。然而，对于普通投资者来说，如果看不清大势，仍然坚持固有的散户思维，热衷于追热点炒概念，将注定与未来中国资本市场的盛宴无缘。

无论股权还是股票，选择好的公司才是投资长期制胜的王道。但在具体的实施过程中，相较于股权投资，股票的优势是显而易见的。

第一，相对于动辄百万甚至千万起步的股权投资，股票投资的门槛要低很多，相应的试错成本和绝对风险也要小很多。哪怕贵如股王的茅台，最多需要15万人民币就可以拥有，更不要提很多十几二十块钱的股票，参与的门槛低到只有几千块。第二，股票可以说是流动性最好的金融资产，相较于锁定至少五年以上的私募股权基金，能够自由进出的股票简直是特权般的存在。第三，股票市场信息公开，相对透明，虽然无法杜绝财务造假，但至少还有证监会帮忙把关。而股权市场的造假成本就要低很多，对于专业机构来说，尽职调查和风险识别都是极具挑战的工作，更别说让一个普通人去彻底搞明白一个未上市企业的价值，可以说，这几乎是不可能完成的任务。第四，相对于股权市场的暗箱操作，股票交易的勾兑成本要低很多。一个普通散户，哪怕不认识董明珠，也可以做格力的股东，但你不认识张一鸣，想要投资字节跳动可就难多了。股票市场的简单清晰，也可以让投资者把更多的精力放在对于企业本身的价值判断上，而不需要在和投资无关的事务上浪费时间。第五，相较于股权投资必要的管理人机制，股票投资在交易成本方面也具有极大的优势。对投资者来说，一般的基金管理费和激励分成要占到整体收益的30%，如果再考虑税务成本，投资人最终到手的收益基本要打六折以上，但投资者如果自己买股票，这些税费和成本是完全不存在的。

当然，股权投资也有自己的一些优势。一般来说，股票市场中都是成熟资产，传统行业居多，如果想投资一些新兴产业，可能不得不到股权市场中去挖掘，比如近些年非常火热的人工智能，本身行业出现的时间就很短，在上市公司里很难有真正的好资产。另外，虽然股权投资的流动性不好，但也存在有利的一面，就是能够被动锁定对资产的稳定持有，克服了价格波动对人性带来的挑战，更容易享受到资产增值的长期红利。

事实上，对于普通投资者来说，与其期待赶上一波牛市，不如学会拿住一只牛股。投资是和不确定性的博弈，因此，投资者的关注重点应该落到对确定性的把握。牛市能不能来连上帝都不清楚，普通人就更不要去奢求自己能够先知先觉。但落实到个股，价值判断的难度就会大大降低，研究工作也可以更加聚焦和具象化，投资获得成功的确定性会得到显著提升。事实上，A股真正的好资产很多，投资者不用给自己过高的要求，只需要根据自己的偏好和能力，把握一两只好股票就足够了。很多优质资产，如果投资者从其上市就开始持有，最终能够获得的回报是不可想象的。万科、格力、伊利、茅台，这些股票（见表1–1）如果持有到现在，都有超过300倍以上的收益。但对于大多数人来说，能够扛得住亏损，却扛不住利润，很多朋友虽然也买过这些核心资产，但绝大多数都在过往的经历中被蝇头小利洗了出去。这也告诉我们，对于好资产来说，买入不难，能够拿得住才是真难。

表1–1

A股30年涨幅TOP10

涨幅排名	证券名称	上涨倍数	上市时间	行业
1	万科A	2816.8	1991年	房地产
2	格力电器	2814.4	1996年	家用电器
3	福耀玻璃	919.3	1993年	汽车
4	泸州老窖	394.7	1994年	白酒
5	云南白药	363.8	1993年	医药生物
6	伊利股份	342.7	1996年	食品饮料
7	恒瑞医药	338.6	2000年	医药生物
8	长春高新	320.1	1996年	医药生物
9	贵州茅台	313.3	2001年	白酒
10	国投电力	297.7	1996年	公用事业

数据来源：同花顺iFinD。

如何成为一个合格的职业投资人

2020-04-06

很多人羡慕巴菲特的财富，却不知道他一生都在为投资事业执着地付出和投入。投资是一项需要终生学习和修行的事业，也是一份随时与风险为伍的工作，任何时候，我们都应该对投资心存敬畏。如果你就是抱着玩一玩的心态，倒也无须给自己过高的要求和过大的压力，只要不投入过度的资金，那么赔赚权当是个游戏。但是如果你真的想在投资上取得一些成绩，甚至要成为一名职业投资人，那么除了要有持久的热爱，还需要付出巨大的努力去完成在投资方面的自我能力建设。巴菲特的财富当然是我们无法企及的，但在对待投资工作的态度上，我们都应该具有像巴菲特一样的敬业精神。

很多人相信投资要靠运气。当然要承认，运气确实对投资的结果有不小的影响，但长期来看，真正决定我们投资能否成功的要素，和运气的关系并不大，而是与认知和人格高度相关。运气赌的是小概率和不确定性，而投资追求的恰恰是大概率和确定性，如果一个投资人总是把希望寄托在运气上，那显然是走错了方向。如何提高自己运气之外成功的胜算，或者说，如何成为一个合格的职业投资人呢？根据我个人的经验，至少需要具备以下五个必要条件。

基础知识

■ 宏观经济学

无论你是不是相关专业科班出身，如果想投身投资行业，宏观经济学是绝对绕不过去的基础之一。一提到这种高大上的理论名词，很多人往往会感到头疼并敬而远之，但事实上，宏观经济学远没有很多人想象那么神秘和艰涩。经济学离不开常识，任何貌似高深的问题，联系到人性和社会，都可以找到最终的来源和答案。不要害怕一开始搞不懂，事实上学习的过程比搞明白更加重要，我们只有不断地将入世体验转化为理性思考，学会从经济学的角度去剖析社会问题和人性弱点，才能就市场问题获得真正属于自己的答案，这远比经济学考试得100分重要得多。可以这么说，经济学基础决定了一个职业投资人的视野和未来可以达到的高度。任何一个真正的投资高手，对于宏观经济都有着自己独到的认知和见解。

■ 财务知识

财务的本质是对企业经营行为的量化，能够为我们提供企业价值判断的有效工具。同样，很多人对于财务分析也是心里发怵，总觉得过于专业和难以理解。其实，从投资的角度来看，我们没有必要将财务知识掌握得面面俱到，而是首先应该建立自身的价值取向和投资逻辑，然后通过相关的财务数据去不断求证，这和真正自下而上的专业化财务分析是完全不同的概念，所用到的相关知识也远远少于我们的想象。事实上，懂投资的人往往懂财务，但懂财务的人未必懂投资，财务关注的是历史，投资着眼的是未来，财务更多在意风险，投资更加看重利润，二者显然不能够按同样的标准去统一理解。按图索骥，为我所用，财务分析秉承的核心原则是：永远记得站在投资者的视角来看待财务数据，不要陷入细枝末节中而丢掉了自己的宏观站位。

■ 技术分析

技术分析的基础是图表分析，经过上百年的发展，已经演化成了分支庞杂的体系。技术分析的本质是市场行为学分析，我们相信在一个充分交易的市场中，投资者的行为是可以互相影响的，于是试图建立某种市场行为和股价涨跌之间的对应关系。市场上有众多技术分析的忠实信徒，执着地在各种图表中反复挖掘，期待着找到属于自己的投资“圣杯”。虽然长期来看，能够通过技术分析获得成功者凤毛麟角，但仍然挡不住大量投资者的前赴后继，特别是初入行的朋友，往往对技术分析抱有巨大的热情和期待。当初我自己刚刚接触技术分析的时候，也是着迷到目无他物。然而，经过多年的思考和实践，逐渐发现技术分析远没有自己想象的那么重要。别指望靠着搞明白几根K线就能够搞明白市场，这和你是否赚钱几乎半毛钱关系都没有。恰恰相反，过度沉溺于技术分析有巨大的坏处，会让你纠结于市场行为的随机性，却忽略了投资中真正应该关注的核心要素。投资者热衷于在技术分析中找答案还有一个重要的心理因素，就是面对复杂事物时期待找到简单化的解决方案，这本质上是一种抄近道心理，而事实上，这种捷径思维往往意味着在你成功之前，可能要走更多的弯路。但这并不意味着学习技术分析没有用。如果你把所有的投资决策都交给技术分析，那么你将面临巨大的未知风险，但是如果你已经建立了自己完整的投资体系，那么技术分析作为补充，可以从另外一个视角为你的投资决策提供参考和帮助。明白了它的作用，我们在学习的时候就会更加有方向感，掌握技术分析，主要是为了避免掉坑，而不是为了赚钱，不能将利润来源的希望都寄托在技术分析身上。无论道氏理论、蜡烛图技术还是波浪理论，本质上都是在研究概率学，说白了和算命没什么区别，缺乏对股价判断真正的因果分析。所以技术分析具有很大的局限性，我们在学习的时候，能够形成适合自己的应用工具即可，没有必要在这上面花费过多的时间和精力。

■ 基本（面）分析

和技术分析相比，基本分析才是更加需要投资者重视的能力建设，甚至可以说，基本分析能力是投资基本功训练中最必要最重要的一环，如同高等数学之于物理、人体解剖之于医学。基本分析涵盖了企业价值判断的方方面面，内容庞杂，甚至没有边界。和真正的自然学科不同，基本分析虽然也是致力于确定性分析的，但没有唯一答案，甚至在不同的逻辑推演下，对于同样基本面要素的分析结果可能大相径庭。举例来说，一个互联网创业公司，从财务的角度来评价，几乎毫无投资价值，但站在商业模式的角度，可能会认为市值过亿。如果投资者不能够建立牢固完整的投资体系，在做基本分析时，几乎不可能找到需要的答案。事实上，貌似很多投资者都在做基本分析，但其所关注的要点往往和企业真正的价值判断毫无关系，这种常识性的认知误区在投资决策中比比皆是。比如说，当年投资乐视的好多人，就因为老板是贾跃亭而认为乐视就应该是很厉害的公司，最终的投资结果却是惨不忍睹，血本无归。所以，基本分析切记不可一叶障目，不见泰山，任何一个独立的基本面要素都不可能支撑得出系统性的结论，而这也正是基本分析不容易掌握的难点所在。以个人经验来说，基本分析应该遵循财务分析、商业模式分析、竞争优势分析的顺序，不断对企业的价值做全面的梳理和判断。这个学习过程是个由点及面的过程，在刚刚开始的时候，往往非常枯燥，所有的学习都是碎片化的，很难形成系统性的知识体系。但正是从这些碎片开始，只要投入时间精力去不断积累，你总会完成从量变到质变，看到拨云见日的那一天。

投资体系

对上述基础知识进行充分积累之后，可以说我们已经完成了投资基础能力的初步建设。接下来我们还需要更进一步，建立属于自己的完整的投资体系。

所谓完整，是指不仅要包括形而上的投资理念，也要包括形而下的投资方法，要形成投资哲学观和方法论的高度统一，也就是认知和行为的高度统一，二者内在的逻辑一定要自洽且可以验证。这有点像我们的党建工作，不仅要在思想上统一认识，更要在工作上形成有效行动。所以，归纳起来，投资体系建设最核心的问题，就是要做到知行合一。

所谓知行合一，就是首先要形成对于投资活动的正确认知，然后基于此再对我们的投资行为产生有效指导。如果认知本身就是错误的，或者虽然形成了正确认知，但没有体现在行动上，或者行动和认知并不一致，都可以认为投资者没有形成完整的投资体系。

生活中，知行不一的例子比比皆是。自己当初刚有孩子的时候，也读了不少育儿经，知道和孩子进行交流时一定要和颜悦色，但后来真正面对熊娃的时候，每次都忍不住一顿喊叫。投资实践中更是有太多的知易行难。我在券商工作时，和很多做投资的朋友交流，说起茅台，几乎没有人说它不好，也高度认可茅台的长期持有价值，但落实到操作，却很少有人买，或者曾经买过但早早就跑掉了，几乎没有谁可以长期不动地持有茅台超过三年。“知而不为为不知”，在投资活动中，如果正确的认知不能够转化为行动，那么这种认知本身也没有什么实在的价值。

对于认知部分，我们可以拆解为两个问题来分别解决，一个是价值判断，一个是价格判断，简单来讲，就是要知道什么是物美价廉。事实上，这是个极其朴素的常识，东西又好价格又便宜，无论是消费还是投资，都是大家很清楚的道理。道理谁都懂，但如何去做就不一定了。怎样的公司才算好公司，什么样的价格才是便宜的价格，如果没有有效的方法来进行定义，那么就算我们天天把价值投资挂在嘴上，也几乎做不了任何事情。

对于价值投资者来说，做好价值判断显然是最重要的工作。价值判断可以遵循财务分析、商业模式分析、竞争优势分析的顺序来逐步展开。就像皇帝选妃的过程，经过层层筛选，大浪淘沙，找到财务、行业、基本面都没有瑕疵的优秀公司组成标的池，为最终的买入决策随时做好资产储备。

价格判断比较不容易把握，股价不像企业的内在价值相对稳定，时时都在跟随市场波动而发生变化。具体来说，可以从行业平均估值、个股市盈率波动、投入产出性价比几个维度来进行综合分析。事实上，在我自己的投资体系当中，价格判断的权重占比并不高，只有20%。或者说，对于真正的好公司，我在投资实践中并不太在意它的价格，因为大部分的利润来自长期持有，如果所投资的公司内在价值没有问题，哪怕价格短期出现了下跌，我们损失的也只是时间成本，股价迟早会随着企业内在价值的增长而回归。即使股价太高，超出了安全边际，我们也可以通过仓位管理来应对未来可能的大幅波动，但原则上，一个公司只要基本面不证伪，我们就不会因为价格的波动而彻底清仓。

实战检验

没有打过仗的将军，兵法懂得再多都不值得信任，同样，理论上再优秀的投资体系，离开了实战的检验，也都是纸上谈兵。在完成投资体系的建立后，实战检验是必不可少的环节。

我们经常会在媒体上看到有很多的股评专家，事实上，在投资行业，打嘴炮容易，真正赚钱却是很不容易的事情。很多人迷信于所谓的投资培训课程，市场中也确实有很多这样的培训机构。不能说接受培训没有价值，但其更多的意义仅限于前文所述的对于投资知识的获取，投资者如果寄希望于只要参加一两次所谓的投资培训就可以战胜市场，显然是不现实的。如果成功的投资者可以批量复制，那么巴菲特的传奇也就没有意义了。真正的职业投资人不是培训出来的，而是实践出来的。

有些投资者有做模拟交易的习惯，事实上模拟交易对于优化交易系统的意义极其有限。模拟交易本质上就是个游戏，你有无数条命，也可以随时重启，但真实的投资活动不会给你任何重来的机会。落子无悔，买定离手，一旦成交，你就必须承受未来可能出现的任何结果。特别对于价值投资者来说，体系验证往往在长周期条件下才有意义，如果只是在模拟环境下操作，本身就会带来巨大的时间成本。

另一方面，心理因素对于投资结果的影响也是显而易见的，模拟交易和真实交易对于投资者的心理压力完全不同，而完成1

万元和1000万元真实股票交易所带来的心理冲击也绝不可相提并论。很多时候，不适当的投资决策都来自压力之下的理性丧失，而我们不可能从模拟交易中学到任何关于压力的有效管理方法。

因此，所有对投资体系的检验必须放在真实的市场环境中进行。在初始阶段，我们可以通过控制仓位来逐步进行验证，但仓位不可以太小，如果不能够引起投资者对亏损或利润的敏感，虽然是真金白银，其本质和模拟交易也没有什么区别。

实战检验的核心目标是验证投资体系的有效性。所谓有效性，一是看投资体系是否具有可操作性，二是看其内在的逻辑和方法是否统一。事实上，在思维实验中，任何逻辑都可以赚钱，但是在真实的市场环境中，这些逻辑被证伪的概率就会大大增加，这一方面缘于逻辑本身的有效性是否成立，另一方面，也缘于投资逻辑转化为操作方法过程中的变形。而这些问题，只有在实战中才能够得以充分暴露和解决。

理论上，如果有足够多的钱，任何赌博游戏你都会只赚不赔，你只需要在每一次输掉后翻倍加码，就总会把输掉的钱赢回来。但事实上，全世界没有一个人可以做到资金无限，所以，我们在设计实战策略时，一定要考虑资金受限的前提条件。特别是风险控制，对于实战来说，是极其重要的一道关卡，能够保证我们时时刻刻防患于未然，避免陷入无法挽回的境地。

一个完整的投资体系，体现着投资者的认知水平和价值取向，本质上，它是投资者认知和人格的外化。所以，实战的检验过程，也是投资者自身人格和投资体系相互磨合的过程。在实战中经过长期不断的调整和优化后，一个稳定而完整的投资体系，将会使我们的投资生涯真正开始具备获得成功的专业能力。

人生阅历

完成了以上专业能力建设后，并不意味着一个投资者已经走向成熟。事实上，专业并不等于成熟，目之所及，市场中所谓的专业机构，亏钱的比比皆是。为什么很多年轻的基金经理容易大起大落，很重要的一个原因就是缺乏足够的人生阅历。没有遍历过资本市场中所有可能出现的情况，显然就会缺乏对于市场的敏感和敬畏之心，栽跟头也是迟早的事情。

人生的每一步都不白走，每个人能够成为现在的自己，都是个人历史经历的沉淀。某种程度上说，投资者的资金曲线就是自我的成长曲线，而每个投资者的个人经历都是独一无二的，对于投资甚至人生的所有理解，都形象地体现在了自我的资金曲线当中。

知识和经验是两码事，读万卷书，行万里路，人生的具象体验对于我们真正理解所学习的知识具有无可替代的实证价值。就我自己而言，早在上大学的时候，就开始研究巴菲特，但当年对于巴菲特的种种建议和忠告，除了懵懂的欣赏之外，完全没有感性的认知，以至于在参加工作之后，早年对于巴菲特的印象都被遗忘得一干二净。然而，当自己也真正投身于财富管理行业，经过很多年的兜兜转转，摔得浑身是伤之后，才豁然发现，其实在很多年前，巴菲特就把他深邃的投资哲学用直白的文字告诉了大家。文字浅显未必代表思想不深刻，大道至简，要读懂巴菲特，除了要有对投资的热爱、悟性和实践之外，更需要足够的时间积累和人生阅历。

没有在实体产业中的工作经历，很难成为真正意义上的投资人。很多刚刚毕业走向社会的大学生，往往一开始就迫不及待地要从事投资工作，事实上，没有对实体经济的亲身经历和感性体验，就不会真正理解投资的深刻内涵。笔者当初没有从事投行工作之前，对于所谓的并购重组非常关心，一旦有上市公司发布并购公告，总会刻板地理解为绝对的利好。然而，当我真正参与了上市公司的种种资本运作之后，才发现这些给大众看的信息都是人为加工过的，你能够看到的只是他们想让你看到的，貌似利好的背后，隐藏的可能是巨大的陷阱。而对于一个仅仅局限于图表分析的散户来讲，几乎不可能看出其中的任何端倪。还有些投资者，热衷于炒作跨界转行的概念股，其实，站在长期投资的角度来看，如果真正做过实业就会知道，所有谋求转型的背后都是当下现实的艰难，一个在主业中生存不下去的公司，才会有搏一把的动机，转向自己几无胜算的陌生领域。

本质上来看，实业和投资其实是一致的，都是在追求物质财富的边际增量，无非是手段不同而已。没有实业经历的投资者，对于投资的理解大多来自自我想象，无异于空中楼阁。懂实业未必懂投资，但懂投资必须懂实业。我们只有真正体验过实体经济创造财富的过程，才能够更好地理解资本市场的定价机制，才能够在纷繁复杂的市场中找到自己最需要的信息，获得透过现象看本质的洞察力。

价值观塑造

作为一个职业投资人，拥有正确且坚定的价值观是投资生涯行稳致远的核心保障，一如文化建设之于国家建设的重要。

事实上，真正的价值投资者都是长期乐观主义者，不仅要相信自己所投资公司的未来，更要对国家和社会的长期发展抱有坚定的信心。如果没有对自己国家发自内心的热爱和期待，是很难在价值投资这条路上长期坚持下去的。巴菲特说过，这辈子最大的幸运是做了一个美国人，他对于美国的长期看好和自豪是毋庸置疑的。爱一个国家最实在的方式，就是把全部的财富和人生都投入到这个国家。

曾经看到一个真实的故事。某人20世纪80年代抛家舍业出了国，洗了无数的盘子，吃了无数的苦，好不容易攒了几十万欧，想着终于可以衣锦还乡，荣归故里，没想到回了北京居然连套房子都买不起，而看看过去的朋友们，这帮当年的土老帽们现在个个身家上千万，玩遍全世界。事实上，以我自己的亲身感受，这些年选择出国的人，无论是个人发展还是财富积累，普遍不如留在国内的朋友。个人奋斗当然在任何时候都具有绝对的积极意义，但在一个高速发展的国家和社会，时代赋予的红利往往会远大于个人的努力所得。过去的40年，是人类历史上发展最快的

40年，而这其中最大的动能提供者就是中国，能够赶上这趟高速列车是每个当代中国人的幸运。从宏观视角来看，投资就是投国运，个人的财富增长大部分来自经济的发展和社会的进步。想象一下，如果是在20世纪60年代的中国，哪怕能力强如马云、段永平，个人能够在物质财富上取得的成就也是极其有限的。

价值投资者的核心利润来源于企业的成长性溢价，而成长一定离不开时间，我们要充分理解赚大钱和赚慢钱的辩证关系。价值投资者，切记投机心不可太重，种什么因，结什么果，一旦动了赚快钱的念头，就很难守住价值投资的道了，而通常情况下，这样的行为往往会受到市场狠狠的惩罚。

剑走偏锋出奇易，大道至简守正难。投资路途之艰辛，绝非耍一时的小聪明就可以趋利避害。资本市场上有各种各样的盈利模式，我们既然选择了价值投资，就要把所有的时间和精力都投入到对价值投资的研究和坚守之中。弱水三千，只取一瓢，别惦记着什么钱都挣；彼之蜜糖，汝之砒霜，当你眼红别人赚钱的时候，很可能正在丢掉自己的饭碗。

资本市场是离钱最近的地方，也是最容易暴露人性弱点的地方。君子爱财，取之有道，该挣的钱，我们一定要挣，但对于不该挣的钱，千万要守住底线。股票市场英雄辈出，每一波牛市都会造就一批所谓的股神，但真正能够长期跑赢市场者却是寥若晨星。好多折戟沉沙的明星人物，往往不是能力问题，而是被无穷的欲望带到了沟里。徐翔的投资水平当然不差，但当他和很多上市公司的老板越走越近的时候，就开始埋下了邪恶的种子，觥筹交错之时，一定不会想到日后会因为内幕交易而身陷囹圄。

不少一开始做得很出色的基金管理人，往往经不起大浪淘沙，最终被市场所淘汰，还有一个很重要的原因，就是在追求绝对收益和管理规模之间失去了自我。一个资产管理者，一旦把目标放在了做大资产规模所带来的刚性收入之后，就必然会在绝对收益上出现折扣。任何资产管理人的能力都是有限的，资产管理规模一旦超过这个限度，其绝对收益水平必然会出现下降。所以，当一个职业投资者逐步开始转向资产管理后，一定要牢固树立绝对收益优先的原则，千万不要为了赚取管理费而急于突破自己的管理能力，这不仅会伤害到出资人的利益，更会带来巨大的道德风险，失去出资人长期的信任。事实上，在一个充分竞争的市场中，一个基金经理的管理能力得到提高后，追随他的资金会自然增长到与其能力相适应的规模。

做正确的事，赚干净的钱，这是价值观塑造的核心原则。在很多人眼里，总觉得投资这个行业来钱轻松，投入产出比高，只要动动手指就能赚钱。其实，真正投身于其中就会发现，这恰恰是一个对心理考验极其巨大的工作，这个行业中，听得最多的，除了暴富，就是跳楼和跑路。所以，一个三观不正的投资者，迟早会在市场中付出巨大的代价。事实上，投资也是一种生活方式，我们投身其中，不仅仅是为了获得财富，更希望能够获得安宁和快乐，成长和进步。而拥有良好的价值观是实现这些目标必不可少的要素，虽然它看不见摸不着，却在时时刻刻影响着我们的投资行为和结果，并由此及彼地影响着我们对于人生的理解和态度。

以上就是成长为一个合格的职业投资人的五个必经之路。这五大支柱，支撑我们构建出一个完整而坚固的系统，确保我们的投资活动能够以一种大概率可以预见的结果来进行，并具有自我反省和纠错的能力。这五个部分的进阶，事实上也是对职业投资人循序渐进的成长要求，从基础知识的积累到价值观的最终塑造，一个投资者可能要经历极其漫长的岁月，才能够真正走向成熟。由此来看，投资者自身的成长和价值投资本质上也是一致的，具有相同的精神内核，时间带给我们的除了财富的增长，更有对人格的完善和自我实现的满足。

关于价值投资的思考

2019-02-05

自从格雷厄姆100年前提出关于价值投资的理念以来，经过多年的市场实践，价值投资毫无疑问已经被主流投资界奉为圭臬。特别是在巴菲特和芒格这对黄金搭档的精进之下，价值投资甚至上升为关于资本和企业价值创造的哲学思考。

这些年关于价值投资的著作汗牛充栋，作为市场参与者，我们不太会关注其学术方面的探讨，更多的还是希望从实践中来，到实践中去，对我们自身的投资做好参考和指导。就个人而言，对于价值投资的理解也是一个由浅入深的过程，同时也伴随着自身投资体系的建立和完善，投资心智的锤炼和成长。做投资的时间越长，越会觉得价值投资如同一瓶历久弥新的老酒，越品越有味道。

在资本市场中，所有的交易都不创造价值，只是一个存量价值转移的过程。我们所看到的市场中所有的金融交易品种，无论设计得多么复杂，都不能摆脱这个原则的制约。从债券到股票，从期货到期权，再到更复杂的金融衍生品，只要是交易，就是在做存量博弈——你赚了钱，就一定有人赔了钱，不可能有双赢的结果。所以从长期视角来看，交易本身并不创造价值，只是在玩一场价值争夺的游戏，本质上和打麻将没什么区别。而真正的价值投资是时间的函数，唯有价值投资本身能够获得和时间相关的增量价值。这就像是倒卖木材和种树的区别，你可以低买高卖，短时间就获得木材价差的利润，也可以从小树苗种起，不用考虑木材价格的波动，十年树木，百年成林。前者虽然貌似来钱很快，可一旦踏不准市场波动的节奏就可能折本；而后者虽然赚钱速度慢，但价值兑现的确定性很高，只要能够守到小树长大，就会获得巨大的利润。

早些年自己对于交易特别着迷，并且自认为对技术分析的研究和应用也颇有心得。然而，经历得越多，越会觉得交易的重要性并没有想象的那么高，逐渐体会到标的价值才是投资工作长期制胜的王道。很多朋友在进入资本市场之前，大抵都是觉得这行来钱快，动动手指就可以赚钱，在这种心理暗示下，似乎天然觉得不操作就没有参与感，把交易当成了工作必然的一部分，甚至沉溺于消耗子弹的快感之中。其实，交易既然是随机事件，其结果绝不意味着操作越多越能有盈利，恰恰相反，对交易行为的放纵会带来两个严重的恶果：一方面会导致交易者心理波动的加剧，从而降低了理性判断的能力；另一方面则会消耗掉交易者绝大多数的精力，从而忽略了对于交易标的基本面的研究和价值判断，而这恰恰才是投资决策中最基础且最重要的工作。

过往无数的经验和教训告诉我们，在投资决策中，结果往往由初心来决定。一个人如果起心动念就是要赚快钱，那结果十之八九不会乐观，往往是死的比赚的要快，所以投资中最重要的心理控制是时刻提醒自己要忘掉一夜暴富。在价值投资者的眼里，因为有时间条件的制约，赚快钱和赚大钱便成为一对不可调和的矛盾，要想赚快钱必然不可能赚大钱，否则投资和赌博就没什么区别。沉下心赚慢钱是一个特别不容易的选择，这是一个与人性为敌的博弈，也是一场人生的修行。既然价值投资是时间的函数，那么忍受时间的煎熬就是价值投资必然的一部分。小树苗不可能一夜之间就长成大树，除了做好日常养护工作之外，我们能做的只有等待。

然而，我们愿意忍受时间的煎熬就一定会取得成功吗？不尽然。在我们决定坚守之前有两件极其重要的工作要做，一个是价值判断，一个是价格判断。真正深刻的道理往往来自常识，哪怕是一个去买菜的老太太都知道，菜一定要越新鲜越好，价格一定要越便宜越好，这其实就是最朴素的投资哲学，也恰恰是价值投资的核心所在。

至于如何做好价值判断和价格判断，这需要巨大的精力投入，并不是一两句话就可以讲清楚的。质优价廉的道理谁都懂，可具体怎么做却未必明了。所以，做好价值投资要有系统的方法论来支持，绝不是拍脑袋喊口号就能够成功的。这也是为什么很多人无法长期坚持价值投资的原因。除了时间的煎熬，还需要长期投入精力去研究和跟踪，而这比时间成本更难以让人接受。正是因为太多人想走捷径，所以在价值投资这条正道上，往往趋之者寥寥。

一旦我们将时间这一制约投资胜负的关键条件纳入思考，就会理解杠杆天然是价值投资的敌人。为何这么说呢？因为一旦在投资过程中采用了杠杆资金，就会不可避免地带来财务成本，价值投资是时间的函数，财务成本也是时间的函数，这意味着投资者所持有股票的时间越长，财务成本就会越高。对于投资者而言，未来的收益是弹性的，成本却是刚性的，一旦遭遇市场的重大挫折，很可能导致整体上的入不敷出。简单计算一下，哪怕按照年化10%的利息，5年的合计成本就会达到60%，10年的成本会达到160%，而在这10年内，股价的大幅波动往往是不可避免的，一旦回撤幅度超过强平线或者打穿盈亏，就意味着我们可能要离开市场了。

对于价值投资另外一个重要的理解是，投资价值的真正实现靠的不是投资者自己，而是企业的经营者。很多做投资的朋友往往有这样的主观感受，认为在股市当中赚钱靠的是自己的聪明才智，特别是在牛市的时候，这种感受更为强烈，其实这只是一个美好的幻觉。如果说参与增资的投资者还多少对企业的价值有所贡献，将资本配置给上市公司，提高了企业的融资和经营能力，那么二级市场的参与者只是与其他股东在公开市场中对企业的股票进行交换，对企业本身的价值没有任何实质的影响。换句话说，无论你以什么样的价格对这个公司的股票进行交易，都不会改变这个公司自身的内在价值。所以，长期来看，我们所能够获得的投资收益，其实是企业自身成长带来的价值增长在股票价格上的投射。可口可乐给巴菲特赚了30年的钱，不是巴菲特厉害，而是伍德鲁夫和他的管理层厉害。

明白这个道理，对于我们能否坚守价值投资至关重要。很多朋友在长期持股过程中，因为扛不住价格的大幅回撤，最终遗憾离场，很大的原因就在于将关注点放在了价格波动上，却忽略了对企业真正的价值判断。市场本身是随机的，与其花费大量的时间去关注股价的波动，不如将精力聚焦于上市公司的基本分析，找到长期影响企业竞争力的核心要素，做到追本溯源，才能避免乱花迷眼。

一个朋友曾经参与了一只知名股票的定增，这只股票当年是价值投资的标杆，被很多券商推荐，可最终的结果却是以亏损60%黯然收场。于是他不无感慨地告诉我，价值投资就像是雾霾天出去遛狗，能走到哪里一点谱都没有。事实上恰恰相反，在我看来，唯有价值投资才能带领我们穿越历史的迷雾，找到投资真正的方向。很多时候，不是价值投资本身错了，而是很多人对价值投资的理解错了，用三年的时间去验证一只股票的价值，这个时间框架太小。另一方面，定增基金是以退出而非持有为收益导向的，本质上还是在做交易，而以交易的方式去把握价值投资，无异于缘木求鱼。巴菲特曾经说过，如果一只股票你不准备持有十年，那你就一刻也不要去碰它。

今年是笔者真正从事投资行业的第十个年头，这十年里，从交易到投行，从股权到股票，几乎在每个环节都踩过雷掉过坑，然而，也正是这些不可替代的经历塑造了自己的投资观以及人生观，让自己能够在挫折和实践中不断获得进步，能够以更加平和的心态去面对未来的投资生涯。十年放在人生的长河中也不算太短，但对于投资生涯而言，却意味着一段刚刚开始的征程。其实，价值投资最大的收获在于自我实现，我们自身的成长与收获也是时间给予我们最好的人生礼物。

时间终会让一切归于平淡，而习惯于平淡，才能超脱于绚烂。

投资视角下的财务分析

2020-02-13

广义来看，投资的种类很多，不同类型的资产背后的投资逻辑往往是不一样的。举个例子来说，参与VC投资和买卖股票，虽然底层资产都是企业的股权，但对投资标的的要求显然是不同的。能够成为上市公司的，往往是到了成熟阶段的企业，具备完善的治理结构和人力资源，商业能力也经过了完整的市场检验。但早期的商业项目，普遍面临着更多不确定性的风险，如果我们用上市公司的标准和要求去做风险投资，显然是不适用的。反之，用VC的方法去投资上市公司，也存在同样的问题。

站在价值投资的角度，求证投资逻辑最有效的论据莫过于财务数据。相较于私募股权投资，参与上市公司投资有一个极大的优势在于，涉及企业经营相关的重要数据都是可以公开获取的，这无疑为我们在判断企业价值时提供了非常高效的工具。真正的财务分析需要非常丰富的专业知识，很多人可能会感到力不从心。但事实上，作为一个投资者，我们并不需要面面俱到，只需要从投资的视角去对相关数据进行筛选和分析。就股票市场而言，成熟资产的投资逻辑包含成长性、ROE（Return on Equity，净资产收益率）和规模优势三个维度，通过它们，可以帮助我们删繁就简，迅速对企业价值形成有效判断。

需要说明的是，这里所做的要素分析，仅仅是个人投资经验的总结和整理。事实上，在二级市场中有各种各样的投资方式，本质上无所谓孰优孰劣，只要投资者能够用某种方法获得长期稳定盈利，这种方法就是有效的。

成长性

如果一个企业的利润水平长期维持不变，本质上和债券没有区别，能够影响其股票价格的核心要素只是社会平均利率水平，原则上来说，它是可以被准确定价的。这就意味着，这个企业的股票价格只代表某种固收资产的价值，而没有未来预期增长的价值。所以，企业没有成长性，也可以理解为其创造超额收益的能力为零，如果从股价上涨的角度来看，它的股票也是没有投资价值的。

体现成长性最直观的数据是企业每年净利润的增长率，复合增长率越高，表明企业的成长性越强。一般来说，能够维持和GDP增速相同的企业，可以认定为具有成长性，但真正优秀的企业，利润增幅往往能够达到20%以上。

我们从现实的案例中也可以得到印证。一般来说，能够长期保持利润稳定增长的企业，其股价也同步实现了大幅的上涨（见表1–2）：

表 1–2

长期保持利润稳定增长的企业

股票名称	十年利润复合增长率	十年收益倍数
贵州茅台	20%	20 ×
美的集团	32%	10 ×
恒瑞医药	26%	15 ×
格力电器	25%	22 ×
爱尔眼科	35%	25 ×
伊利股份	20%	30 ×

需要注意的是，企业利润增长可以来源于很多方面，特别是非经常性损益，往往会使得当期的利润增长曲线显得异常陡峭，而这种增长并不能够真正代表企业的成长性。所以，在分析利润增长的同时，我们还有必要参考一下企业主营业务收入的增长情况。一般来说，净利润的增长往往伴随着主营业务收入的增长，如果不同步，就需要引起足够的重视，成长性证伪的概率有可能会大幅增加。

很多人对于上市公司的分红看得比较重，而事实上，成长性越强的企业，其超越社会平均回报率的水平越高，在这个历史阶段，企业将每年的利润留存继续投入再生产，是实现企业价值最大化的更好选择。

需要高度注意的是，财务数据是由历史数据形成的，只能表明企业过去的成长性，过去做得好，并不代表未来一定也做得好。财务数据只是对过去的证明，以历史表现为投资决策提供参考，至于对企业未来成长性的分析，我们还需要通过行业状况、商业模式、竞争优势等多个维度，结合其他基本面要素进行充分论证。

一般来说，一只股票的成长性被证伪的概率较高，但是一个以成长性为基础条件所构成的资产组合，被证伪的概率就会低很多。同时，如果所配置资产的行业相关性越低，那么被证伪的概率就越小。

另外，一个真正长期具有成长性的企业，上不上市都不会改变它内在的核心价值，所以无论在哪个阶段参与它的投资，私募还是公开市场，只要满足投资的安全边际，都值得出手并长期持有。很多PE机构往往会在自己所投资的企业上市后尽快将持有的股票卖出，实质上是在做企业上市的证券化套利，这一方面当然是由于基金本身存续期造成的压力，更重要的原因还是对于所投企业未来价值缺乏足够的认知和判断，不愿意长期持有。事实上，真正的好公司是稀缺资源，所以一旦拿到就不要轻易丢掉，时间只有花在这些好企业身上，最终才能转换成实实在在的财务收益。

ROE

股票的价值不是由市场决定的，而是由其内在的核心价值决定的。如果说成长性是决定企业核心价值的基础，那么ROE就是反映企业核心价值最关键的指标。ROE即净资产收益率，也就是净利润/净资产，反映了一个企业的赚钱能力，是指相较于权益资本的投入，每年可产生的收益。

在国际市场上，考察一个企业赚钱能力更关注的指标是ROA（Retuin on Assets，全资产收益率），是指相较于企业全部的资本和生产要素投入，每年可获得的收益。为什么在中国ROE比ROA更重要？因为目前中国的金融市场还没有达到成熟市场的发达程度，价格发现和资源配置的效率还有待提高，企业能够获得金融支持的门槛还比较高。根据恒大研究院2019年的数据，全球范围来看，美国的信贷服务水平排名第三，而中国则在七十名开外，这与我们GDP的规模显然远不相称。所以在中国，一个企业如果比竞争者更容易获得金融杠杆的支持就会凸显出更高的商业价值。两个同样投入10亿原始资本的企业，能够进行债务融资、调动社会资源再生产的企业，显然比只靠自有资金支持的企业产出的规模更大，获得的利润更多。因此，ROE对企业赚钱能力的衡量更为全面和有效。

ROE可通过财务杠杆进行调节，适当的负债可以有效提高ROE。但负债率不是越高越好，当财务成本大于ROA时，杠杆效用达到最大化，此时更多的负债只会带来更高的成本，企业负债达到合理峰值。一般情况下，除非是负债驱动型公司（银行、保险等金融企业），否则负债率最好不要超过70%。过高的负债有可能带来过大的财务风险，对企业的正常经营活动也会造成较大的影响。

从历史和现实状况来考量，一个行业当前的ROE只有达到10%，才会吸引产业资本的关注，获得超过社会一般回报率的投资收益。这个门槛同样适用于金融资本，如果在资本市场上无法获得超过10%的回报，就会倒逼金融资本回流实体，进入产业投资。整体来看，A股上市公司的ROE平均大概就在10%左右，而标普的ROE平均为15%，从这里也可以看出中国上市公司的质量明显要差于美股。在中国，如果ROE能够长期保持在20%以上，那么就是非常优秀的上市公司了。

本质上来看，高ROE是高成长性的基础，在企业经营能力不变以及不进行利润分配的情况下，企业的ROE就体现为利润增长率。

成长性是价值基础，ROE是赚钱能力，这二者从财务角度决定了企业的基本面价值，是企业最核心的竞争要素。需要指出的是，决定我们是否投资的本质要素是价值而不是价格，市盈率和市净率是市场对企业的估值认可，是基于价值判断的价格发现，这两个指标不是构成企业核心竞争力的要素，不是我们做投资决策的充分条件。便宜并不代表东西好，但好东西往往有便宜的时候，我们要做的，就是通过成长性和ROE找到真正有价值的企业，然后等待市场价格低于安全边际的投资时机。

规模优势

在一个充分竞争的行业内，大就意味着绝对竞争力，虽然小公司在决策和执行的速度上要比大公司更快，但长期来看，小公司终究难以击败大企业在市场中获得胜利。强者恒强是典型的丛林法则，同行业中龙头企业和普通企业之间的差距主要体现在边际成本，一般来说，规模越大，边际成本越低，同时企业的规模越大，说明其市场份额越高，相应的竞争优势就越强，社会资源和市场要素向头部企业倾斜的趋势也越发明显。

当然，大也有大的弊端，恐龙的灭绝不是偶然，规模越大往往意味着适应能力越弱，转型成本越高，一旦市场环境发生变化，大企业的压力就会更大。但事实上，除了一些以商业模式和技术创新为导向的新兴领域，大部分传统行业的商业逻辑长期来看都是比较稳定的。

衡量一个企业规模大小主要有三个指标：资产规模、收入规模和利润规模。

资产规模的重要性最弱，它只决定了企业价值的下限，对于优质企业来说，由于存在巨大的估值溢价，公允价值会远远大于资产价值。事实上，资产规模往往只在企业进行倒闭清算、破产重组时才具有现实意义。一般来说，只有不良资产才会出现折价，优质资产普遍是要溢价的。很多刚刚入行的投资者，往往会陷入资产误区，看到一个上市公司有很大的账面资产就觉得应该很值钱，可没想到市场给出的估值竟然会跌破净资产。本质原因就在于，一个公司好不好，不是资产规模说了算，优质企业的市场估值，不是由资产规模决定的。

对于企业价值判断来说，收入规模具有较为重要的意义，很多企业排行榜也采用收入规模作为参考指标。一般来说，收入规模决定了业务规模，对于判断一个企业的业务真实性具有极强的参考价值。由于行业属性不同，不同行业的企业收入规模往往差异很大，横向比较具有一定的难度，但整体来看，无论处于什么行业，如果企业年收入能够达到100亿元以上，基本上可以判断其具备了规模优势。以2019年中国500强榜单为例，作为最后一名入围的京能电力，收入规模达到了162亿元。

在上述三个指标中，利润规模最为重要。如果说营业收入由于行业不同，比较口径不好统一，那么对于净利润来说，进行跨行业比较则完全没有障碍。对于成熟资产而言，创造利润的能力显然是第一要求，而利润的规模则决定了企业在市场中的地位和影响力。一个企业哪怕成长性和ROE再高，如果当前的利润规模只有几百万元，那么横向来比较，它与年利润过亿的企业也存在巨大的数量级差距。这就像不同量级的拳击选手，哪怕技术再出色，轻量级选手要战胜重量级选手几乎都是不可能完成的任务。

目前A股市场中，年利润超过千亿元的只有5家，超过百亿元的有40多家，超过10亿元的不到400家；超过5亿元的，不到800家。也就是说，在近4000家上市公司里，只有大约10%的企业可以做到年利润超过10亿元。以此标准来衡量，全行业来看，目前阶段的中国企业，每年做到至少10亿元的利润，才能够称为具有规模优势。从国际上来看，那些业务遍及全球的跨国企业，年利润水平普遍在10亿美元以上，也就是说，中国企业和国际巨头之间还存在一个量级的差距，这也意味着，中资的龙头企业在未来仍然有很大的成长空间。随着中国经济的发展，行业集中度的不断提升，在中国完成能力建设的各个行业龙头，必然会在未来全面进军国际市场，规模优势将显著增强，我们也将有机会在全球超级俱乐部的牌桌上看到越来越多的中企身影。

最后，我们通过贵州茅台的财务数据（见表1–3）来直观感受一下股王的魅力：

表1–3

贵州茅台的财务数据

股票名称：贵州茅台　代码：600519　市盈率：33.75　市净率：10.94　单位：亿元

年份	营业收入	同比增长	复合增长	净利润	同比增长	复合增长	总资产	净资产	ROE	负债率
2008	82.44			37.99			157.54	112.45	33.79%	28.62%
2009	96.70	17.33%		43.12	13.50%		197.70	144.66	29.81%	26.83%
2010	116.33	20.30%		50.51	17.13%		255.88	183.99	27.45%	28.09%
2011	184.02	58.19%		87.63	73.49%		349.01	249.91	35.06%	28.39%
2012	264.55	43.76%		133.08	51.86%		449.98	341.50	38.97%	24.11%
2013	310.71	17.45%		151.37	13.74%		554.54	426.22	35.51%	23.14%
2014	322.17	3.69%		153.50	1.41%		658.73	534.30	28.73%	18.89%
2015	334.47	3.82%		155.03	1.00%		863.01	639.26	24.25%	25.93%
2016	401.55	20.06%		167.18	7.84%		1129.35	728.94	22.94%	35.45%
2017	624.87	55.62%		270.79	61.97%		1340.00	900.00	30.09%	32.84%
2018	771.99	23.54%	25.07%	352.04	30.00%	24.94%	1598.47	1174.08	34.46%	26.55%

综上，从投资视角来看待财务数据，不需要陷入窠臼，拘泥于细节，更多是要从大的逻辑上搞清楚企业的内在价值。总体来看，只要把握好成长性、ROE和规模优势这几个大的方向，我们就可以利用数据分析完成初步的资产筛选工作，避免在选股方面

出现大的原则性错误。但是，要真正全面做好企业的价值判断，仅仅从财务进行分析是远远不够的，还需要更加深入的行业研究和基本面分析，以及长期的投资实践积累。

商业模式的价值分析

2019–11–23

做投资，应该把时间和精力花在对确定性的分析和把握上，而实际情况却是很多人弄错了方向，把不确定性当成了重点。根据走势数据和技术分析进行的概率研究，本质上和算命没什么区别，如果把一辈子的时间都花在这上面，人生注定不会有什么进步。再者，很多事件驱动的市场行为是我们无法把握的，比如中美谈判、突发战争，如果注意力都在这些事情上，想做好投资无异于缘木求鱼。真正在投资中具有确定性意义的是企业本身的竞争优势分析，相对来说，它是长期的、稳定的和可预测的，也是我们实现价值投资真正的基础。所以，对于短期的股价波动，我们压根不用去刻意规避，也不用自我苛责，因为这些本来就是无法预测和控制的。

一个好公司的价值和其股价的走势有什么关系？长期来看，好公司的价值只取决于自身的竞争优势，它是股价上涨的决定因素，而非相反。“因为股价走得好，所以它是个好公司”，这个观点和逻辑显然很多人不会认同，可一旦落实到操作，却不自觉地以股价涨跌来决定自己的投资行为，所以很多人在投资中事实上犯了因果倒置的错误却浑然不知。

投资分析是分层次的。首先要看战略逻辑，宏观的、行业层面的，其次再看战术逻辑，微观的、企业层面的。战略逻辑本质上是对行业商业模式的价值分析，或者是对赛道吸引力的判断。而战术逻辑是对企业的竞争优势分析，或者是对选手个体能力的判断。这两个维度的分析从重要程度来说，商业模式的权重更大，也就是说，选对行业比赌对选手更加重要。

当然，我们在讨论二级市场时，或者说在选择成熟资产时，这个结论是成立的，但在一级市场或者创投市场中，却恰恰相反，创业者本身的素质比所选择的行业更加重要。个中道理显而易见，能做到上市公司这个阶段，大体上已经证明了公司的实控人具备了很强的商业能力，所以我们只需要明确行业偏好，然后将资金配置给行业的头部选手即可。但在创投阶段，公司的发展距离真正的商业化还极其遥远，所以更多的还是需要识别创业者本身的个体能力，也就是我们经常说的，投VC其实就是投人。

具体来说，如何判断商业模式的价值，可以从以下几个方面去讨论：

行业增长

显然，一个行业的发展速度最能够直观体现出其商业模式的价值，特别是发展初期，往往会爆发出惊人的成长。普遍意义上来看，我们选择一个行业的时候，其增速至少不能够低于GDP，否则我们就不如去买个国债心里更踏实了。另一方面，对行业增长的讨论不可大而化之，要学会降维分析。比如说医药，从整个行业来看，其年增速大约只有5%，甚至跑不赢GDP，但如果我们拆开来看就会发现，化药、中药、仿制药确实不是好的赛道，但原研药、血液制品、CRO、医疗器械等细分领域，其增速却是远超整个行业的。再比如造纸，整体来看，行业增速虽然已经进入了平稳期，但拆开来看，就会发现文化用纸的需求在萎缩，但生活用纸的需求却在不断增长，这也就是为什么太阳纸业和中顺洁柔虽然同处一个行业，走势却是天壤之别的核心原因。

行业容量

行业的天花板决定了企业发展的高度，这也是显而易见的道理。深水才能养大鱼，小池塘只能养些小鱼小虾。虽然不同的行业往往无法统一比较，2B（面向商业用户）和2C（面向个人用户）之间的统计口径也并不相同，但一般来说，想要支撑超过百亿级别的上市公司，那么其终端市场需要有超过千亿以上的规模，才能有足够扎实的实现基础。像姚记扑克这种公司，如果不换赛道，注定不会有多大的发展。

行业壁垒

虽然说养猪的不一定比搞芯片的赚钱少，但搞芯片和养猪的难度显然是不一样的。一般来说，商业模式的优劣并不一定和其门槛高低有直接关系，但如果一个行业的壁垒过低，会导致短时间进入者众多，将使得原本商业模式的优势快速消失。所以，一个行业从外部来看如果具有高门槛，是阻止外来进入者的有效屏障，能够维持更长时间的行业红利。很多时候，商业价值并不直接等同于财务价值，芯片行业并不是仅仅砸钱就能够短时间实现突破的，科技行业的高壁垒特征导致一个企业的真实价值很难被准确地商业量化。虽然华为的潜在市值高达1万亿元，可你现在就是让美国花2万亿元，它也没办法马上弄出个华为。特朗普是真心不懂通信的难，让苹果搞5G，吹吹牛可以，但库克心里明白——这个“臣妾真的做不到”。另一方面，当传统行业干到规模化时，也会形成极强的商业壁垒。养猪看起来简单，可有几个企业能够做到像牧原股份这样一年生产上千万头的？这种规模化所形成的成本优势对竞争者而言几乎是无解的护城河。

行业毛利率

一个行业的优劣在财务价值上必然会有所体现，最直观的指标就是行业毛利率，本质上，它体现的是全行业对外部资本的吸引能力。一个钢铁企业做得再牛，整个行业的毛利率才10%，你说破天能好到哪里去。企业做得越大，毛利就越会向行业的平均水平靠拢，这也是我们识别一个企业财务是否有水分的有效手段。康美药业这些年一直维持着极高的毛利率，超出同行将近20

个百分点，其财务真实性令人高度生疑，所以今年的暴雷也不算意料之外。原则上，如果一个行业的平均毛利率低于20%，基本上没有什么投资价值，可以直接选择规避。一般来说，平均毛利率至少在30%以上，才表明行业未来的发展有足够的空间。我们在日常研究中，还应该注意跟踪行业毛利率的边际变化，如果出现大幅走低的情况，需要引起高度警惕，特别要关注其背后的原因，究竟是需求端周期变化的传导所致，还是行业内部竞争格局变化的结果。

业务形态的议价能力

一般来说，2C领域越接近终端消费者，则在产业链的议价能力越强，而2B领域，往往是越往上游走，在产业链中的话语权越大。2C的商业模式，一旦控制了终端和渠道，基本上就是呼风唤雨的状态，比如微信和沃尔玛。微信的九宫格，是多少移动互联网企业梦寐以求的入口资源，而沃尔玛在全球巨大的终端销售量，使得其对上游供应商的压货能力几乎无与伦比。而2B模式下，如果能够在上游形成独家垄断，也几乎就是无敌的存在，比如英国的ARM（Advanced RISC Machine，即RISC微处理器）公司和荷兰的ASML（Advanced Semiconductor Material Lithography）公司。全球超过95%的手机和平板电脑用的都是ARM的架构，而全世界精度最高的光刻机，只有ASML可以独家提供，堪称半导体产业链中王冠上的宝石。国内的上市公司里，其实也在逐步出现这种在产业链中具有强控制能力的企业，比如生产MDI（二苯基甲烷二异氰酸酯，聚氨酯的原材料）的万华化学，长期来看，如果能够在行业内不断提高市占率，则未来发展仍然值得更多期待。

从以上五个方面，我们基本上可以看清楚一个行业目前的商业价值。另外，多对不同行业进行横向比较也有助于我们对于商业模式的价值理解。下面举个例子讨论一下，如何从商业模式的角度对医药行业和科技行业进行对比分析。

虽然今年以来，医药和科技成为A股两条上涨驱动的主线，但在我看来，医药企业比科技企业普遍具有更确定的投资价值。从需求本身来看，健康行业的刚性比科技行业更强，也更容易把握。科技企业本质上是供给推动型的，终端的需求往往由企业的产品来推动，例如，在iPhone出现之前，没有人可以想象出触摸式智能手机的样子，所以需求的形态是模糊的，只有产品出现后，需求才被具象化。这同时也意味着，一旦出现体验更好的产品，消费者往往会喜新厌旧，抛弃掉原来的产品，所以需求本身也是不稳定的。但医药行业不一样，它是典型的需求推动型，无论是对心衰还是癌症患者来说，治疗都是头等大事，如果一款药物的有效性确实被临床所证实，一般来说，除非出现革命性的替代治疗手段，否则它的生命周期都是极其漫长的，特别是在专利保护期内，能够给原创企业带来巨大的商业价值。万艾可自诞生以来已经20年了，每年都能够给辉瑞公司带来至少10亿美元以上的销售额。反观手机行业，没有哪一家企业敢说自己可以一款产品长期包打天下，连苹果也不例外，行业快速迭代的特性使得任何一家企业都不具备一劳永逸的护城河。

以上就是如何从行业和商业模式的角度去做战略逻辑的分析，至于如何对企业进行具体的竞争优势分析，我们将在接下来的内容中进行详细讨论。有了这两个维度的价值分析工具，我们就能够对一个上市公司做出基本全面和准确的价值判断。

上市公司的竞争优势分析

2019-04-10

最近正值上市公司年报密集披露之时，从已经公布的年报情况来看，业绩表现和股价之间显然存在高度的正相关，市场也逐步从之前的概念股炒作回归到了绩优股的崛起。事实上，长期来看，真正的价值投资标的会自我成长，不断创出股价的历史新高，实现时间价值在价格上的兑现。

所以，投资者除了关注股价的波动之外，更关心的其实应该是企业的内在价值和竞争优势。关注和关心的程度是不一样的，前者是过眼，而后者是走心。我们当然会注意股价每天的波动，并基于此波动来进行适当的买卖操作，但它不会改变我们对于标的本身的投资行为。完全放弃投资标的的条件是其内在价值的证伪和竞争优势的消失。内在价值的证伪是指其成长性的丧失导致公司内在价值无法跟随和支撑股价长期的上涨，而落实到具体的基本面分析，一定是企业在行业中长期的竞争优势不复存在。

总结起来，企业的竞争优势体现在成本、规模、品牌、渠道、管理、人才、研发、产品唯一性、资本投入、竞争格局等十个方面。一个好的具有竞争力的企业，一定是在以上某几个方面与同行相比具有长期比较优势的。下面对这十个方面的竞争优势分别进行分析：

成 本

长期来看，特别是在充分竞争的行业内，决定企业竞争优势最直接的要素就是成本。无论哪个行业，市场化的产品价格都是最有说明意义的，这意味着所有市场的竞争者都是价格的接受者，在同一个时点，供给方卖出的价格普遍都是一致的，这种情况下，超额利润一定来自成本控制。

我们举个例子来看看。今年由于存在非洲猪瘟导致的供给短缺预期，资本市场对于养猪业极度追捧，使得市场上的十几只猪肉概念股都呈现出暴涨格局。那么如何在这种泡沫状态中准确判断出企业的真实价值呢？其实成本来分析就是一个比较好的维度。如表1–4所示，在目前A股的猪肉股中，牧原股份相对于其他企业具有最低的头均成本，这意味着如果猪价下跌，牧原会具有最强的抗风险能力，而如果猪价上涨，牧原又能够获得最大的相对利润。

一般来说，企业的毛利率如果高于行业水平，表明其在成本控制方面具有比较优势。但整体来看，成本是个综合的概念，不能只看毛利，特别是销售费用和财务费用没有体现在毛利之中。在经营活动中，很多企业往往通过销售费用来转移利润，但对于上市公司来说，这种操作并没有太大的必要。一个正常经营的公

表1–4
目前A股市场上的猪肉股概况

证券名称	出栏量（万头）							毛利率						完全成本（元/千克）
	2012年	2013年	2014年	2015年	2016年	2017年	CAGR	2012年	2013年	2014年	2015年	2016年	2017年	
温氏股份	814	1013	1218	1535	1713	1904	16%	21%	18%	10%	22%	38%	25%	12
牧原股份	92	131	186	192	311	724	51%	28%	20%	8%	25%	46%	30%	11.3
新希望	19	30	58	87	117	240	66%	2%	3%	6%	7%	28%	23%	12.5
雏鹰农牧	149	157	121	139	247	252	11%	34%	29%	10%	19%	47%	16%	
正邦科技	85	115	146	158	226	342	32%	19%	10%	2%	13%	39%	14%	12.5
天邦股份	NA	NA	46	42	58	101	30%	NA	NA	-6%	13%	NA	NA	12.1
唐人神	NA	NA	NA	11	25	54	NA	51%	26%	-42%	50%	37%	24%	12.2
金新农	2	3	1	2	4	37	83%	-17%	-3%	-8%	-14%	3%	23%	
罗牛山	39	42	31	16	21	19	-14%	13%	4%	-3%	20%	36%	16%	
新五丰	NA	NA	10	11	40	49	NA	10%	11%	3%	13%	26%	14%	13.5
平均	171	213	202	219	276	372	34%	18%	0	-2%	17%	0	21%	

数据来源：同花顺iFinD。

众公司，由于存在市盈率杠杆，所以一般情况下，企业的实际控制人都倾向于想方设法将利润留存在上市公司，获得市值溢价。更多要重视的其实是财务费用，有些企业虽然毛利很高，但如果杠杆过大，对外的债务融资过高，往往会出现营业利润被财务成本大幅挤占的状况。所以在观察上市公司的财务报表时，要关注一下企业的负债率，一般来说，非金融类企业的负债率维持在50%~70%是比较正常的水平，如果超过这个范围，就要高度重视企业的财务风险。这也是为什么很多拟上市公司往往要在上市前做一轮私募股权融资的原因，其目的其实也是降低负债，提高企业的利润水平。

规　模

在一个充分竞争的行业内，大就意味着绝对竞争力，虽然小公司在决策和执行的速度上要比大公司更快，但长期来看，小公司终究难以击败大企业在市场中获得胜利。一方面，大公司之所以能够长大，一定是经过了长时间的市场检验，至少表明在历史上，无论战略还是执行层面，它做对了很多竞争对手没有做对的事情。另一方面，存量规模可以为企业带来巨大的生态优势，无论是供应链还是终端用户，除非出现了机会成本更小的选择，否则在未来的竞争中，优势显然还会向大企业倾斜。强者恒强是典型的丛林法则，同行业中龙头企业和普通企业之间的差距主要体现在边际成本，一般来说，规模越大，边际成本越低，同时企业的规模越大，说明其市场份额越高，相应的竞争优势就越强，社会资源和市场要素向头部企业倾斜的趋势也越发明显。

再回到刚才提到的养猪行业。牧原还有一个巨大的优势就是它的养殖规模，从十年前几十万头的出栏量一直做到了目前的上千万头，绝对出栏量已经排在全国第二，而且仍然维持着每年超过20%的增长。近些年，有很多人打着创新的旗号，推出类似天价猪肉、人工智能养猪、猪脸识别等概念化的养殖项目，老实讲都没有什么太大的商业价值。猪肉是个典型的刚需市场，刚需拼的就是成本，而规模化是降低边际成本的唯一道路，所以养殖这个行业，要花样走捷径是行不通的，到最后拼的都是硬桥硬马的真功夫。

当然，大也有大的弊端，恐龙的灭绝不是偶然，规模越大意味着适应能力越弱，转型成本就越高，一旦市场环境发生变化，大企业的压力往往也会更大。但事实上，除了一些以商业模式和技术创新为导向的新兴领域，大部分传统行业的商业逻辑长期来看都是比较稳定的，所以一个有雄心的企业，一定要把做强做大树立为自己的目标，小富即安的公司是没有什么生存优势的。如同生物界，普遍来看，体型越大，越占据食物链上游的动物，寿命也就越长。

如果用财务指标去衡量，全行业来看，目前阶段的中国企业，每年做到至少10亿元的利润，才能够称为具有规模优势。目前A股市场中利润超过10个亿的企业也就只有400多家，差不多占十分之一。可见中国绝大多数的上市公司，利润水平还是相对较低的，这也是为什么说，中国大部分的上市公司可投性不高的一个原因。当然，这个标准是个人的一个主观判断，随着中国经济的发展，各行业集中度的不断提升，规模门槛也会越来越高。全球范围来看，成熟市场的规模企业，普遍都有10亿美元以上的利润。

品　牌

品牌的重要性对于一个企业来说是不言而喻的，特别是在消费行业，品牌就意味着超额利润。甚至在某些时候，品牌和产品本身就是一个概念，比如云南白药和贵州茅台。茅台之所以贵，并不仅仅取决于其生产成本，更多的还是来自其品牌价值。

刚需市场看成本，小众市场看品牌。猪肉几乎人人都要吃，但酒不见得每个人都得喝，所以在白酒行业，几乎没有不做广告的企业。品牌的建设一般来自自身积累和公关推广两个方面。自身积累是公关推广的基础，所以真正的品牌建设，更多还是来自内功修炼，外部的宣传只是起到广泛传播的作用，并不能够真正提升品牌的内在价值，所谓酒香不怕巷子深，就是这个道理。相反，如果企业自身的能力没有达到品牌所投射的高度，越多的推广宣传，越会加速企业的消亡。当年的央视标王秦池酒业，就是个典型案例。

越来越多的企业已经意识到了品牌的价值，随着消费升级，大众的消费观念也逐步趋向于品质化和品牌化。随着社会分工的细化，更多的企业开始采用“产销分离”的商业模式，即生产环节委托给第三方，自身则专注于市场销售和品牌建设。在这种情况下，谁控制了品牌，谁就控制了话语权，所以企业一定要高度重视对品牌的所有权保护。近些年关于商标使用权的商业纠纷层出不穷，从加多宝到江小白，留下了很多与忽视品牌保护有关的深刻教训。

品牌属于一个企业的无形资产，对比有形的账面资产，往往无法进行准确的价值量化。那么如何判断一个品牌是否具有超额价值呢？

第一看历史。品牌的自身积累不是一朝一夕的事情，特别是老字号，所传承的品牌往往包含着历史和文化的双重价值，比如片仔癀和贵州茅台，这种历史沉淀所造就的品牌，具有极其长久的生命力，相较于短期通过营销所塑造的品牌，也更具有抗风险能力。

第二看产品。说到底，品质才是品牌最基本的保障，刚才已经提到目前很多企业采用“产销分离”的商业模式，这种模式虽然具有效率高、推广快的特点，但也容易留下品控不到位的隐患。锤子手机从闪亮登台到快速落幕，产品自身的缺陷是一个非常重要的原因。一般来说，真正的好品牌，生产环节也是自己来把控的，因为品牌自身的溢价可以覆盖更多的成本，避免代工所导致的潜在风险。

第三看价值观。每一个品牌所传递的外延价值都是不一样的，好的品牌三观一定要正，这种品牌价值观的塑造更多来自企业长期的战略选择和行为模式。举个例子，联想和华为都是知名的IT企业，相比较而言，联想的历史甚至更加悠久，但近年来大家对它诟病不断，而华为的口碑却在不断攀升，表面看起来是“贸工技”还是“技工贸”的路线选择问题，实质上却代表了拿来主义和自力更生的价值观区别。从商业本身来看，其实无所谓谁对谁错，但从价值观来衡量，华为显然更胜一筹。

值得一提的是，知名度和美誉度不是一个概念。近年来，有些企业为了出名不择手段，甚至不惜以挑战公序良俗的方式来获得市场关注，例如绝味鸭脖大张旗鼓投放涉性广告，这类行为从短期来看确实具有吸睛的效果，但长期看，反而是对企业公信力的透支和美誉度的伤害。品牌的塑造和维护是长期的，但毁掉一个品牌往往就在一瞬间的。

渠 道

渠道建设对于一个规模型企业来讲是十分必要的，有些处于卖方优势的企业往往觉得自己的产品竞争能力足够强，不需要对渠道进行维护。但事实上，市场是有波动的，行业是有周期的，如果企业在自己强势的时候不在渠道建设上花功夫，一旦市场逆转，往往会迅速失去市场优势。特别在消费行业，渠道的作用甚至能够决定企业的生死。

渠道维护各个企业或许手段不同，但目的大抵是一致的，就是实现用户到达和价格管理。我们继续看看白酒行业，贵州茅台和洋河大曲作为高端白酒的典型代表，分别采取了两种完全不同的渠道模式。茅台是经销商方式，而洋河几乎是完全的自营，对渠道进行高度控制，销售人员几乎是茅台的8倍。从现实的效果来看，虽然洋河的价格管理更加到位，但茅台显然通过扩大朋友圈的方式绑定了更多的利益相关者，用相对较少的人力成本实现了销售规模的最大化。

在渠道建设上，更高级的玩法往往还涉及商业模式的创新与竞争。锂电池行业近几年狂飙突进，然而并不是所有企业都能够获得良好的发展，甚至还有不少企业彻底被市场所淘汰。在这场激烈的竞争中，不得不提到宁德时代，事实上，宁德从最开始的默默无闻做到锂电池的行业老大，渠道建设功不可没，有其非常独特的方法和模式。一般的锂电池生产企业往往都是直接销售产品给下游客户，彼此之间是简单的供需关系，宁德时代则会寻找和下游龙头企业进行合资建厂，通过股权关系进行深度绑定，把客户变成家人，这就对行业内的其他对手形成了碾压性的竞争优势。

广义来说，渠道建设不仅包括下游的产品销售，也包括上游的供应链管理，渠道建设事实上反映出了企业精细化管理的水平，我们所熟知的世界范围内的快消企业，无论是沃尔玛还是宝洁，无一不是在渠道建设上建立了极宽的护城河。如果你觉得搞渠道工作是一个技术含量很低的活儿，那么你可以去打听一下宝洁公司真正顶级的渠道经理每年的收入水平。

管 理

现代企业的人员规模越来越大，内部结构也日趋复杂，如何在企业内部建立稳定完善的制度和架构，适应企业不同阶段的发展，本质上是对一个企业管理能力提出的要求。

在中国，由于存在二元所有制结构，所以民营企业和国有企业在管理实践中，往往需要解决不同的问题。国有企业需要解决内部人控制和激励不足的问题，而民营企业需要解决过度依赖实控人和企业传承的问题。

不同行业的商业模式千差万别，但从企业经营的角度来看，管理目标往往都是一致的，简单来讲，就是要努力提高人效比，从内部组织和文化建设上确保企业战略的有效落地。管理优势就是战略优势，企业的战略是由决策机制、组织流程、作战规划等部分构成的，而这些环节恰恰也是企业管理能力的重要组成部分，所以，某种意义上说，企业的管理能力就是战略能力，没有管理就没有战略，战略规划的落地离不开行之有效的组织管理。

管理能力首先体现在管理团队的稳定性上，一个频繁更换CEO（首席执行官）或者高管的企业能否具有长期的竞争优势值得高度怀疑。其次，企业的管理模式是否能够与时俱进，跟上企业规模的发展和商业环境的改变，也是一个优秀企业必不可少的能力之一。华为这么多年来能够不断地取得良性发展，没有被业务规模拖垮，很大一部分原因就在于其管理能力的不断进化。

人 才

人才的重要性对于任何企业来说都是毋庸置疑的。需要明确的是，人力资源并不等同于人力资本。人力资本是在人力资源基础上通过再投入所形成的智力凝结，所以人力资本对于企业来说更加重要，它是企业历史生产过程中的经验总和在人力资源上的体现和积累，是企业经营活动中所形成的重要资产。不是每个员工都是人才，我们在这里强调的人才，狭义来说就是指人力资本。

如何衡量企业人才的多寡？学历当然是一个比较可靠的量化指标。可以打开F10，去看看它的人力资源结构，特别是本科以上学历的人才占比。虽然个体上来看，学历不等同于能力，但整体上讲，一个公司高学历的人才越多，就意味着更强的人力资本竞争能力。这也是为什么很多企业，特别是科技型公司招聘时特别重视对学历的要求。

人均薪酬水平也是一个重要的衡量指标，这关乎企业对人才的激励和留存能力。不同行业的平均薪酬是不同的，但在同行业内，企业的薪酬水平至少应该在平均水平之上才具有一定的竞争力，而头部企业往往也有着更高的人均薪酬，一方面可以留住存量人才，另一方面对增量人才产生吸引，确保在人力资本层面相较于同行的比较优势。全行业来看，优质企业的人均薪酬可以达到50万~70万元/年，虽然华为和平安所属行业不同，但其人均年薪水平大体是一致的。

人才不光要看存量，还要看增量。每年的校招规模是衡量一个企业人力战略的重要参考指标。一般来说，对于人员数量长期不增长的企业需要高度警惕，因为这种企业成长性被证伪的概率很高。我们可以将过去若干年的企业员工数绘制成曲线，其数量增长情况可以作为判断企业的发展态势的一个参考。

通常来讲，人才的积累有两种方式：内部培养和外部引入。内部培养虽然时间长，但人才对企业的认同度高，忠诚度和留存度也更高。外部引入虽然立竿见影，但往往缺乏价值观的统一，容易引起企业内部的排异。这一点在企业引入人才时要高度重视，不同的人才能力可以有差异和互补，但企业价值观务必要保持一致，否则会引起极高的内耗成本。近年来中国企业的国际化程度越来越高，也有不少上市公司开始从国外引入高管和技术人才，很容易出现文化冲突和水土不服的现象，投资者需要对此给予足够的关注。

研　发

与一般意义上的印象不同，研发不仅仅是高科技企业的竞争要素，对于很多的传统行业，研发投入也是十分必要的。很难想象魏桥集团一个做纺织的企业，每年在研发上的投入都超过了100亿元。

对于科技型企业来说，研发更是最核心的竞争要素之一。当你看不清一个公司是否真正是高科技企业时，那就打开年报去看看它的研发投入规模，更典型的指标是每年的研发投入强度（研发投入占营业收入的比重，见表1–5）。目前中国的科技型企业在研发上的投入还远远不足，世界研发投入排名前十的企业平均每年花在研发上的费用在100亿美元左右，而我国排名前十的企业平均只有25亿美元，而从研发投入强度来看，差距更是明显，世界前十平均是13.7%，而中国前十只有6.4%。对于目前A股的上市公司，研发投入强度如果能够达到5%以上，表现就已经很不错了，如果达到10%以上，几乎就是凤毛麟角。

表1–5

中国企业研发投入十强（2018年）

中国排名	世界排名	公司	R&D投入（亿欧元）	销售收入（亿欧元）	研发投入强度（%）
1	5	华为	113.34	771.02	14.7
2	51	阿里巴巴	29.14	320.22	9.1
3	59	鸿海精密	22.85	1344.12	1.7
4	60	台积电	22.55	271.69	8.3
5	61	腾讯	22.35	306.16	7.3
6	76	中兴通讯	17.98	139.38	12.9
7	81	百度	16.58	108.37	15.3
8	83	联发科	15.97	66.54	24.0
9	86	中国建筑	15.86	1321.67	1.2
10	88	中国石油	15.78	2630.00	0.6

数据来源：欧盟委员会。

研发投入规模结合研发投入强度，是鉴别伪高科技企业极好的参考指标。创业板的明星股华大基因，虽然研发投入强度能够达到8%以上，但投入的绝对规模只有1.7亿元人民币，而其国际同行Illumina，在2017年的研发投入就达到了5.46亿美元，研发投入强度更高达19.84%。

判断企业的研发实力可以从两个方面来看，一个是历史上的存量技术积累，另一个是面向未来的创新能力。对于技术积累我们可以通过企业所拥有的发明专利数量等指标进行业内横向对比，确认企业与竞争对手之间的技术优势。而对于创新能力则可以通过企业在研项目的储备、研发方向、研发人员的规模和质量等方面去衡量。

研发能力最高的表现形式是制定行业标准。高通之所以这么多年来都能占据世界通信业老大的位置，与其在通信行业的标准制定与专利保护是高度相关的。所以，如果一家上市公司能够参与其行业标准的制定，则表明其在研发方面具有显著的竞争优势。

此外，如果上市公司能够积极联合上下游企业共同开展联合研发，往往对其行业地位的巩固和话语权的加强有极大的好处。无论是苹果的闭环生态，还是腾讯的小程序战略，都是在联合其上下游企业对产业链条进行更加牢固的整合。

产品唯一性

产品唯一性，也是指产品的不可替代性，表明了企业产品在市场竞争中自身的排他能力。这类企业的一个显著特点是对上下游客户具有极强的议价能力，通常在2B的领域表现得更为突出，比如去年以来被大众持续关注的芯片行业，三星英特尔等国际巨头对于中国企业具有无可争议的卖方优势。

整体来看，虽然中国企业目前在全球竞争中还很难做到绝对优势，但随着中国制造业的广泛发展，我们在某些细分领域当中也逐步建立了较强的话语权。比如MDI（下游产品众多）生产企业万华化学，通过自身建设和外部并购，产能已经跃居世界第一，占据全球市场份额的25%，把老牌巨头巴斯夫、杜邦陶氏甩在了身后。安琪酵母在国内酵母市场已经是无可争议的老大，目前正在加快其国际化步伐，相信这类企业在未来的全球角逐中也会表现出不俗的竞争能力。

消费领域来看，此类产品往往拥有无可比拟的资源禀赋，市场独此一家的特征非常明显，比如贵州茅台、片仔癀、云南白药等。

还有一类企业，自带卡位优势，排他性也非常显著。比如燃气的特许经营、高速公路、港口、机场等基础物流设施的运营，一旦形成区域规模，竞争优势就会非常显著。粤高速、上海机场这些上市公司，拥有极好的现金流，几乎就是印钞机一般的存在。

资本投入

现代企业之间的比拼，除了产业能力外，资本能力也是不可或缺的竞争要素。特别对于上市公司来说，成为公众公司后，其调动资本的能力和手段都要比同行业的非上市公司显著更强。虽然不能说有钱就可以任性，但拥有更多资本支持的企业显然在战略实施上更能够自由体现自己的意志。

上市公司获得资本支持有多种形式，除了IPO（首次公开募股），之后还可以通过不断地增发和配股来获得权益类资本。一般来说，由于增发和配股增厚了企业的净资产，只要所获得的资金是服务于企业战略发展的，则对于企业内在价值的提升都是确定的。

需要高度关注的是上市公司大股东或实控人在上市公司体外的资本投入。近年来，投行的大面积介入，使得上市公司实控人对杠杆的使用十分普遍，通过股票质押来进行融资，在体外孵化资产，后续再通过上市公司实现退出，达到产业发展和市值管理的双重目的。但这一逻辑成立的前提是市场本身处于上行或扩张周期，一旦趋势逆转，高杠杆会给实控人造成巨大的财务压力，企业甚至会面临易主的风险。所以，在考察上市公司的资本运作时，要特别关注实控人的股票质押比例，如果质押比例超过70%，则要高度警惕杠杆风险。

一个优秀的企业，对杠杆的使用是必要的，无论是权益融资还是债务融资，只要在风险可控的范围内，对企业内在价值的提升都具有正向效用。企业自身的造血能力是我们衡量风险是否可控的重要指标，如果上市公司的负债率在合理范围，有10%以上的ROE，同时拥有较为充沛的自由现金流，那么出现财务风险的概率一般不会太大。

竞争格局

不同的行业，竞争格局往往不同，对参与其中的企业来说，竞争格局并不是自己能够左右的，它是指企业在竞争过程中所面临的外部环境的总和。不同的竞争格局对企业自身也会造成不同的影响，这提醒我们，在投资一家企业的同时，对其外部的竞争对手也应该给予足够的关注。

一般来说，行业的竞争格局根据集中度的不同，可以分为以下三种情况：群雄逐鹿、棋逢对手、独孤求败。

如果一个行业是群雄逐鹿的格局，则表明行业中没有绝对的老大，企业之间仍然处在肉搏阶段，没有谁能够对对手形成碾压性的优势，这是可投性最差的情况，对这个行业财务投资者可以直接回避。

需要重视的是其他两种情况：棋逢对手和独孤求败。很多人认为绝对的垄断会带来绝对的利润，如果一个行业已经形成了独家垄断，那么毫无争议这个企业最具有确定性的投资价值。但在我看来，独孤求败未必最优，绝对的垄断往往意味着行业天花板的到来和创新能力的消失，从行业发展的角度来审视，棋逢对手的竞争格局反而更有益处。我们经常会看到在很多取得良性发展的行业里，往往存在两个势均力敌的对手，比如苏宁和国美、华为和中兴、伊利和蒙牛，它们在彼此的竞争中成长，亦敌亦友，彼此互为压力和动力。竞技场上，一个伟大运动员的成功往往来自一个伟大的对手，商业竞争中，也是这个道理。

在棋逢对手的格局下，对身处领先的企业进行投资是较为稳妥的选择，从行业的发展来看，领先的企业也最有可能走到独孤求败的阶段。

以上就是对企业十个竞争维度的梳理，当我们对一个企业，特别是上市公司进行价值判断时，可以从这些方面进行定性或者定量分析，从满足财务投资的要求来看，基本上可以形成对于企业价值较为全面的认知。

如何跟踪企业的边际变化

2020-09-17

随着8月份结束，A股上市公司2020年半年报的披露落下了帷幕。一般来说，由于一季报和三季报披露信息较为有限，所以针对上市公司，半年报是全年当中仅次于年报的重要信息获取途径，专注于股票市场的投资者，当然要对半年报给予足够的重视。

很多朋友缺乏对于季报分析的思路和方法，面对庞杂的信息和数据，往往会陷入无处下手的困境。事实上，对于季报数据的分析，重点是抓主要矛盾，删繁就简，迅速洞察到企业内在价值的边际变化。数据好，不代表公司就好，数据差，也不代表公司就差，边际跟踪的核心原则，并不是停留在单纯的经营数据的增减，而是要透过经营数据，确认企业的竞争优势是否能够得到维持和强化。而衡量竞争优势最有效的指标就是市占率，不论是增量市场还是存量市场，只要企业仍然在不断提高市占率，就说明对竞争对手形成了比较优势。

对于企业经营数据的边际变化，给予足够的重视是非常必要的。虽然价值投资的核心收益来自长期持有，但这并不意味着我们可以当甩手掌柜，对所投资的公司不闻不问，放任自流。恰恰相反，真正的价值投资，要时时刻刻关注企业基本面的变化，坚持“疑罪从有”的原则，对企业任何出现价值证伪的线索都要保持足够的警惕。任何长期趋势的扭转都是从短期的改变开始的，因此，对于上市公司季报所透露出的信息，切不可大而化之，一定要进行系统性的归因分析。

今年由于新冠肺炎疫情的影响，很多上市公司的半年报不及往年，如果单纯从半年报的同比变化来看，我们很难看出企业经营活动的变化端倪，甚至会陷入数据假象的误导。一般来说，我们在做数据分析的时候，以年或者半年为单位往往粒度过大，对于边际变化的反应过于滞后，因此，最好能够选择以季度为单位。

经营数据分析的重点主要在三个方面：同比、环比、横向比。一般来讲，同比和环比都在同步改善的企业，未来业绩的确定性会更强。当然，具体情况还要具体分析，财务数据只是表象，本身也存在技术调整的弹性空间，数据背后的客观经营状况，才是我们真正关注的重点。

我们以美的集团为例来分析一下（见表1–6）。根据8月28日公布的半年报，美的集团2020上半年营业收入1397.19亿元，同比下降9.47%；净利润140.67亿元，同比下降12.41%；归母净利润139.28亿元，同比下降8.29%；扣非归母净利润134.57

亿元，同比下降7.55%。单纯从数据来看，无论是销售收入还是净利润，美的在今年上半年都出现了同比负增长，这是自2006年美的上市以来从未出现过的状况，跟过往年均近20%的增长相比，这个数据实在令人大跌眼镜，堪称美的历史上最差的半年报。这是否意味着美的这只多年的大牛股已经走到头了？

表1-6

美的集团季报分析

公司名称：美的集团　　统计日期：2020年8月28日　　金额单位：万元

项目	2020Q2	2019Q2	2020Q1	同比	环比
销售收入	8105399.10	7856452.00	581303.10	3.17%	39.72%
净利润	925662.00	951867.80	481039.00	–2.75%	92.43%
归母净利润	911731.80	905804.30	481097.70	0.65%	89.51%
扣非归母净利润	864013.20	847079.30	481691.20	2.00%	79.37%

项目	2020Q1	2019Q1	2019Q4	同比	环比
销售收入	5801303.10	7520578.00	5729785.50	–22.86%	1.25%
净利润	481039.00	654124.50	291692.00	–26.46%	64.91%
归母净利润	481097.70	612902.60	28952.50	–21.51%	66.17%
扣非归母净利润	481691.20	608488.10	212644.40	–20.84%	126.52%

数据来源：同花顺iFinD。

事实上，当我们把数据按照季度进行拆分之后，就会对美的实际的业务经营状况有更加客观深入的了解。由于疫情影响，第一季度的经营数据出现了大幅下滑，这显然属于异常状况，对判断美的内在价值并没有多大的参考意义。而单看第二季度的数据却能够发现，在度过疫情最艰难的时期之后，美的的经营状况出现了显著改善，不仅环比第一季度大幅增长，而且同比2019年第二季度也毫不逊色，营收和扣非归母净利润都保持了正增长。这表明2020年上半年的经营数据主要是受到了第一季度疫情的拖累，并不能够说明美的的内在价值已经失去了成长性。

更进一步分析，我们会发现，与行业内的竞争对手横向比较，美的的表现更加优秀。我们以空调为例来看一下（见图

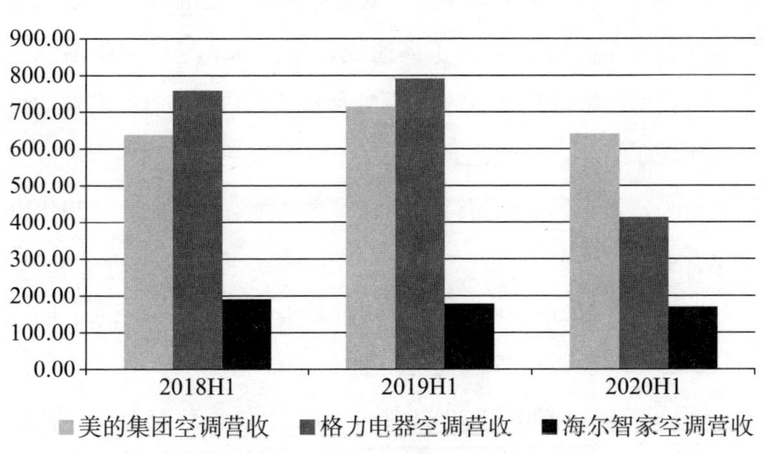

图1-2　行业公司空调营收数据比较

数据来源：同花顺iFinD。

1–2），2020年上半年，根据中国电子信息产业发展研究院发布的数据显示，空调市场零售额为921亿元，同比下降22.5%。美的2020年上半年空调收入为640亿元，与去年同期相比，降幅为10.36%，显然要好于行业平均水平。而格力同期的降幅高达47.92%，海尔的降幅虽然只有5.59%，但收入规模差不多只有美的的1/4，显然，从市场表现来看，今年上半年美的空调的市占率不但没有下降，反而在显著提升，仍然处于不断强化自身竞争优势的过程当中。事实上，除了空调之外，美的几乎在所有经营的家电品类当中都维持了行业前三强的地位，并且保持了市占率的不断提升，能在2020这个特殊的年份取得这样的成绩，美的的表现堪称业内翘楚，而如果只从表面的数据来看，我们显然是无法直接体会到的。

我们再来看一下伊利股份（见表1–7）。乳制品这个行业，经过多年的发展，已经度过了高速成长期，越来越趋于稳定和成熟，行业增速维持在6%~8%，单纯从赛道的角度来看，乳业的可投性相较于十年前已经出现了大幅下降。但是，伊利作为乳品行业的龙头，表现出了远超行业增速的竞争优势，特别是2020年上半年，业绩尤为突出。

根据伊利2020年半年报，上半年营业收入473.44亿元，同比增长5.29%；净利润37.56亿元，同比增长–1.09%；归母净利润37.35亿元，同比增长–1.20%；扣非归母净利润37.65亿元，同比增长7.02%。

表 1–7
伊利股份季报分析

公司名称：伊利股份　　统计日期：2020年8月27日　　金额单位：万元

项目	2020Q2	2019Q2	2020Q1	同比	环比
销售收入	2679970.77	2188776.06	2054442.56	22.44%	30.45%
净利润	260471.14	151795.90	115225.54	71.59%	126.05%
归母净利润	259238.64	150476.34	114285.48	72.28%	126.83%
扣非归母净利润	239705.17	133698.24	136856.71	79.29%	75.15%
项目	**2020Q1**	**2019Q1**	**2019Q4**	**同比**	**环比**
销售收入	205442.56	2307737.36	2149195.59	–10.98%	–4.41%
净利润	115225.54	228046.27	130224.91	–49.47%	–11.52%
归母净利润	114285.48	227576.77	130307.15	–49.78%	–12.30%
扣非归母净利润	136856.71	218170.46	100429.23	–37.27%	36.27%

数据来源：同花顺iFinD。

虽然半年报看起来平淡无奇，但我们按季度拆分之后就会发现，伊利2020上半年的表现堪称逆天。虽然一季度也受到了疫情的影响，收入和利润同比出现下滑，但到了二季度，伊利的营收和利润已经完全恢复了正常并呈现出加速之势。相较于上年同期，二季度的营收同比竟然增长了22.44%，扣非归母净利润更是高达惊人的79.29%，对于伊利这种已然是庞然大物的上市公司来说，这种边际改善简直超乎想象。市场对于如此的表现也给出了强烈的回应，半年报披露当天就收出了涨停，此后更是创出了每股43

元的历史新高，相较于年内的低点26元，涨幅超过了65%。

横向比较来看，同样在香港上市的蒙牛表现就要逊色很多，中报的营收和利润双双录得负增长，归母净利润甚至同比下滑超过了四成。这意味着对于双寡头格局的乳品行业来说，伊利再次拉大了和蒙牛之间的距离。事实上，无论从品类扩张还是渠道建设，伊利的市场份额都在逐步扩大，行业老大的位置也得以更加巩固。

以上我们用两个传统行业的龙头企业作为典型，分析了如何对它们的竞争优势进行边际跟踪。事实上，对于大多数投资者来说，对于行业的敏感性往往要大于对企业的敏感性，特别是一些当下处于风口的行业，哪怕是非业内的投资者，也会表现出更多的关注和热情。很多人虽然不懂芯片大数据云计算，但对于这些热门词汇却并不陌生。确实，热门的赛道值得去关注和研究，但对于一些不是那么“性感”的行业，其实也有很多值得投资的机会。

一般来说，从行业的发展历程来看，有两个比较明显的阶段，一个是赛道增长期，另一个是存量博弈期。在赛道增长期做投资比较容易一些，哪怕投的企业不是行业中最好的，往往也可以取得不错的收益，因为投资者更多地享受的是行业整体成长的红利。但这个阶段也有个缺点，就是由于行业本身处于风口期，判断门槛低，会吸引大量的热钱涌入，造成行业整体的估值偏高，比如当下的生物医药、芯片半导体等，一眼看过去，股票都贵得吓人，想找到性价比合适的标的不太容易。相反，当行业发展到较为成熟的阶段，由于行业整体的增速趋缓，市场的非理性泡沫会大面积消失，整体的估值水平会回到较为合理的区间，行业的竞争者会进入存量博弈的阶段。不像在赛道增长期，普通人都能看懂行业的投资机会，在存量博弈期，投资者需要有更加专业和深度的价值判断能力。这个阶段赚的是企业竞争优势的钱，虽然市场蛋糕就这么大，但是大家抢蛋糕的能力却是不一样的，找到最能抢的选手，是做好这个阶段投资的关键。虽然竞争很残酷，但能够获得领先优势的头部企业，在相当长的一段时间内，仍然可以赚取到市占率提升的巨大红利。我们今天分析的美的和伊利，就都属于这种情况，虽然家电和乳制品行业已经过了高速成长期，但作为头部选手，只要比竞争对手能打能抢，一样可以为投资者带来不错的超额回报。事实上，长期来看，投资者学会花功夫去研究企业的竞争优势，比总赶着去追风口更有成长意义和财务价值。

如何理解股票价格

2020-02-19

对一个上市公司进行价格发现是股票市场的基础功能之一。有效市场理论认为，一个企业的价值，能够被股票市场进行充分的反映。事实上，影响股票价格的因素有很多，简单认为市场定价就等同于企业的内在价值，显然是片面和不准确的。

价格的形成本质上是买卖双方博弈的结果。很多投资者有个误区，往往认为企业的价值可以通过计算来获得，并且在追求精确的股票定价模型方面花费了大量的时间和精力。事实上，价格是对价值判断的反映，之所以会有不同的股票价格，就是因为投资者对企业的价值有不同的理解和看法，如果一个企业的价值可以通过财务模型和数学计算一维确定，那么理论上所有投资者买卖股票的价格也是一致的，交易就不会形成，市场也就失去了存在的意义。交易能够达成的一个前提是，每个投资者都认为自己对企业价值的判断是正确的，所以，在股票市场中，只有相对正确，没有绝对正确。也就是说，企业的真实价值也是相对的，不是绝对的，企图通过计算来获得企业的精确价值事实上是徒劳的。

所以，投资者要理解，股票的价格不是算出来的，而是交易出来的。所有基于股票价格的数学归纳，都是市场博弈的结果，而不是价格形成的原因，也就是说，无论市盈率还是市净率，都是交易事后的结果，而不是交易达成的原因。这也提醒我们，在做出投资决策的时候，可以以PE或PB作为参考，但决不可将其作为决策的核心理由。

传统理论认为，股票价格应该等同于企业未来自由现金流的折现。这个逻辑的本质还是基于一种数学意义上的计算。如果我们完全从市场行为的角度来看，价格形成的内在机制到底是什么呢？或者说，我们是否能够从统计学的角度获得价格形成的某种逻辑呢？

事实上，对于成熟资产的价格发现，资本市场早就形成了一套完整的内在逻辑，就是建立在社会平均回报率基础上的比价效应。但自从20世纪90年代开始，随着互联网的兴起，出现了一大批以互联网规模经济为导向的轻资产公司，这类公司的一个显著特点是，普遍缺乏自身造血能力，需要靠大量的外部融资来驱动企业的生存和发展。对于这类资产如何定价，历史经验似乎已经无法提供答案。按照传统的估值理论，一个无法靠内生性现金流维持的企业，是不具备任何投资价值的，然而现实的情况却是，由于看好此类企业缥缈却想象空间巨大的未来，大量的风险投资不断推动其获得发展壮大的外部资本，导致公司股价也水涨船高，实现了企业市值完全脱离企业账面资产的巨大飞跃。虽然2000年互联网泡沫的破裂让众多投资者损失惨重，但自此之后，新兴产业成了资本市场长期关注的核心资产，并创造出了如亚马逊这样的一批互联网商业巨头。

巴菲特为什么搞不定科技公司？很大一部分原因就在于，它们往往无法用经典的估值理论给出合理的价格。虽然无法计算，但这类企业就没有价值吗？答案显然是否定的。那市场到底是根据什么来给出价格呢？很多时候，并不仅仅取决于企业当期的财务价值，而在于其所代表的商业模式。

由此我们可以得到启发，对于传统资产的定价，是否也可以摆脱财务模型，借鉴以上的方式呢？我们把市场对于企业的估值分为两个部分，一部分来自对其商业模式的估值，另一部分则来自对其竞争优势的估值。具体来说，我们可以参考企业所在行业的平均市盈率。行业平均市盈率来自多样本统计，本质上可以看作是对该行业商业模式的市场定价，而个股市盈率和行业平均市盈率之间的差异，可以看作市场对企业竞争优势的定价。举例来说，如果某个行业的平均市盈率是50倍，其中某只个股是70倍，那么50倍可认为是商业模式带来的溢价，另外的20倍则来自企业自身竞争优势带来的溢价。一个企业的市盈率高于行业平均市盈率，从市场的角度来看，会认为它比同行的企业更有竞争优势，如果低于平均市盈率，则表明其和同行相比不具有竞争优势。

这也解释了为什么不同行业，利润水平相同的企业，市场估值却会有巨大差异。同样是10亿元利润，做水泥的只有8倍市盈率，可做眼科连锁的却可以高达80倍。核心的差异并不在于两个企业的资产状况和盈利能力，而在于它们处于不同的商业领域。这就跟两个同样优秀的运动员，虽然身体素质差异不大，但骑自行车的速度一定比跑马拉松更快是一个道理。

我们对企业做价值判断之前，首先应该看看行业内的竞争对手都是什么样的估值水平。如果按照价格优先的原则，我们在投资决策时往往会选择市盈率较低的企业，然而从上述的角度来分析，结论则恰恰相反。两个业务完全相同的企业，一般情况下，市盈率更高的企业反而更具有投资价值。以高端白酒为例（见表1–8），头部的三家企业分别是贵州茅台、五粮液和泸州老窖，对应的市盈率分别为33/30/27，按照上述的投资逻辑，我们显然应该选择茅台，而不是估值更低的泸州老窖。如果长期来看，你相信市场是有效的，那么贵的公司就一定有贵的道理。

表1–8

贵州茅台、五粮液和泸州老窖估值比较

行业公司	PE–TTM	PE–动态	PE–静态	PB
贵州茅台	33.60	33.50	38.65	10.85
五粮液	30.55	29.80	37.25	7.20
泸州老窖	27.80	24.50	35.55	6.65
行业平均	30.65	29.26	37.15	8.23

从这个角度来理解市场，我们还可以得到一个有益的启示，就是在股票市场中，选择行业比选择个股更加重要。可以看出，市盈率的大部分构成来自企业所处行业的商业模式，所以，我们

在进行个股分析之前，首先需要对商业模式进行全面的价值评估。需要注意的是，在选择同行业标的的时候，我们不能停留于表面的行业划分，一定要对企业的业务进行具体拆分，否则可能会掉入分类不当的陷阱。同样是做疫苗的，智飞生物的PE只有40倍，而康泰生物却高达120倍，为什么会有如此巨大的差异？难道是市场出错了？事实上，智飞的收入主要来自代理，而康泰的收入几乎全部来自自研，二者的业务类型完全不同，当然也就有了不同的商业模式估值。

另外，在选择行业样本的时候，注意其利润水平要满足一定的规模优势。利润较小的公司，在计算市盈率时往往会出现过大的偏差，对企业竞争优势的判断可能造成失真。

至于如何对商业模式做具体的价值分析，我在之前的文章中已经有详细阐述，这里不再赘述。

价格判断的核心要点

2019-06-17

我们经常说物美价廉，无论在生活还是投资中，这都是绝对理性的决策原则。股票市场上，大家总是希望能够以更低的价格买到更好的股票，但事实上，好股票往往价格都很高，而低价的股票背后十有八九也不是什么好公司，这其实就是我们在投资中面临的两难和尴尬。道理谁都懂，可真正落实到交易，却发现无处下手。

在投资活动中，要综合考虑时间成本和机会成本。时间成本，是指货币本身的贬值效应和长期股价下跌的成本。机会成本，是指由于在理论计算下，无法达到安全边际时的踏空成本。此类机会成本可以用持股比例来控制，如对于安全边际足够高的股票可以配置更多的仓位，而对于估值较高的股票，可采用较低的仓位，留足未来补仓的资金，一方面防止踏空，一方面又可有更大的概率去摊薄成本。基于以上目标，我们考虑设计一套数据模型，能够对股价的安全边际进行评估，从而对仓位控制提供可靠的量化指导，尽量降低主观判断带来的决策风险。

股价下跌的机会成本分析

我们首先讨论一下股价下跌的成本分析。对于很多以交易为主的投资者来说，股价的下跌实在不是什么让人开心的事情，因为目前的中国股市还没有完善的做空机制，这意味着最好的结果就是远离市场，保证资金不受损失。而对于价值投资者来说，则恰恰相反，下跌往往提供了能够以更低价格参与上市公司投资的更好机会，特别是在市场整体遭遇熊市之时。当然，投资成功的前提是你具有在泥沙俱下中慧眼识金的能力。

假设一年前股价为A，当前回撤率为a，企业年利润增长率为r，则相较于一年前，此时进入市场的持股成本P为：

$$P=\frac{(1-a)}{(1+r)}A$$

如果n年前股价为A，则当前持股成本为：

$$P=\frac{(1-a)}{(1+r)^n}A$$

也就是说，持股成本和$1-a$成正比，和$(1+r)^n$成反比。这个逻辑关系事实上就是对物美价廉在股票市场中最贴切的数学表达。所以，对于高成长企业来说，回撤越大，会让我们动态的持股成本越低。由此可以得出一个定性结论：在股价合理的范围内，利润增长并伴随股价下跌的过程，是进行投资的最佳时间窗口。后续我们将围绕这一结论进行更加详细的量化讨论。

一般情况下，股价会充分反映公司的内在价值，真正的好公司，长期来看，在技术图形上也会走出漂亮的上涨趋势，所以每次下跌和调整都是难得的入场机会。

市盈率和成长性的关系

价格判断的核心指标是市盈率（PE），特别是动态市盈率，能够更快地反映出企业利润的边际变化水平，对于股价具有更加现实的指导意义。

市盈率最大的误区是忽略了企业利润的构成。企业盈利的来源多种多样，除了主营业务收入以外，还包括投资收益、政府补贴、债务豁免等非经常性损益。另外，其构成形式也非常重要，现金收付和权责发生所确认的利润对企业来说显然具有巨大的差别。任何时候，现金流所产生的利润才是最实实在在的，也是投资者获得企业红利的基础。

市盈率估值的基础是企业利润，显然企业利润的增长与市值的提升具有强正相关关系，增长更快的企业，投资者当然愿意给予更高的市盈率估值。我们试图将企业利润的增长和对应市盈率的相关性进行一下量化分析。

为了更好地理解和比较，我们需要假设一个合理的投资模型。根据人类自身的寿命和生活经验，以及对于正常经济发展的容忍程度，我们假设一项投资在10年内收回成本是普遍可以接受的经验值，那么由此推算，可将10倍市盈率作为一般意义上投资活动的比较基准。

事实上，10%虽然是一个经验值，也同样拥有坚实的统计学基础。长期来看，成熟市场产业资本的平均回报率基本维持在10%左右，这也对金融资本的收益水平提供了比较基准。理论上来讲，金融资本的长期收益率不可能超过产业资本，因为金融本身不创造增量价值，只是解决资金配置的效率问题，如果产业本身不赚钱，依附于其上的金融投资也无法长期维持。所以这个经验值背后其实有深刻的经济学规律。

于是我们可以建立一个10倍市盈率的等价模型（见表1-9）。为了方便计算，在不考虑利润增长的情况下，假设我们初始投资了10元，每年进行全利润分配，则意味着每年我们可以获得1元的收益，10年收回成本。而如果企业每年的利润能够保持10%的增长，那么在10年内，我们可以获得16元的现金收益，这等价于一个16倍市盈率的无增长模型。换句话说，如果一项10元的投资在全利润分配的情况下，未来10年还能够保持10%的年利润增长，那么我们愿意在今天付出16元将其购买下来，也就是说其价值16倍的市盈率。我们把不同增长率下未来10年的全利润分配求和，就得出了我们在当下愿意以多少倍的市盈率来对该项投资进行折现，它和我们上述所假设的10倍市盈率模型的收益水平是等价的。

表1–9

成长性估值系数（APE=10）

年利润增长率（%）	动态市盈率（×）
0	10×
10%	16×
20%	26×
30%	43×
40%	70×
50%	113×
60%	181×
70%	287×
80%	445×
90%	680×
100%	1023×

由此我们可以计算出在不同增长率下对应的动态市盈率水平，这个市盈率就是我们进行投资决策的安全边际。我们可以将这个市盈率称为成长性系数*PE*。这个数据关系可以用下列函数来表示：

$$PE=f(Gr)$$

$$PE=\sum_{i=0}^{9}(1+Gr)^{i}=\frac{1-(1+Gr)^{10}}{1-(1+Gr)}$$

这里的*Gr*表示年利润增长率。

考虑到企业每年不可能进行利润的全额分配，所以这个市盈率水平理论上来说是绝对安全的。举例来说，如果一个企业在利润全额分配下的年利润增长超过20%，那么以低于26倍的市盈率买入其股票显然是一项超越等价模型的投资。事实上，在真实的市场中，很难找到这样的资产价格水平。

需要强调的是，以上仅仅是一个简化的数学模型，对我们在做出价格判断时提供某种程度的参考，现实当中影响企业利润和估值的要素要复杂得多，需要我们对其进行更加全面系统的分析。

市净率和ROE的关系

我们接下来看看如何从市净率的角度去判断企业的合理估值。假设一个经济社会的平均收益率是10%，某公司的ROE为20%，则如果以2倍净资产的价格去买入这个公司的股票，可以取得社会平均水平的等价收益。同样的道理，如果当期无风险收益为5%，则4倍PB（市净率）为其等价收益。所以，假设市场的无风险收益为R，则企业的合理价格P（每股价格）和净资产之间有如下关系（其中，B指每股净资产）：

$$P=B\times\frac{\mathrm{ROE}}{R}\text{ 得出 }\frac{P}{B}=\frac{\mathrm{ROE}}{R}$$

由此可以看出，一个企业净资本回报率超越市场无风险回报率的倍数，就是企业公允价值相较于净资产的溢价倍数，ROE越高，也就意味着企业的估值越高。

无风险收益可参考10年期国债利率，当前10年期国债利率为3.85%。这意味着，一个ROE达到20%的企业，我们可以给出的合理PB为5.19倍。如果仅仅需要达到保值的目的，我们可以将通胀率作为无风险收益的参考值。举例来说，过去一年的CPI（居民消费价格指数）均值为2.2%，则意味着如果我们以9.09倍以下的PB买入上述股票，理论上可跑赢通胀。

对于投资者而言，该公式对于我们预期收益率的达成也提供了很有价值的参考。如果我们想达到8%的年收益率，则意味着我们买入上述股票的价格必须低于2.5倍的PB。

成长性和ROE的关系

接下来我们看看企业利润的增长情况和ROE之间的关系。假设往期利润为R_0，净资产为E_0，当期利润为R_1，净资产为E_1，则有：

$$R_0 = E_0 \times \mathrm{ROE}_0$$

$$R_1 = E_1 \times \mathrm{ROE}_1$$

设利润增长率为Gr，则有：

$$Gr = \frac{R_1 - R_0}{R_0} = \frac{E_1 \times \mathrm{ROE}_1 - E_0 \times \mathrm{ROE}_0}{E_0 \times \mathrm{ROE}_0} \quad (1)$$

$$E_1 = E_0 + R_0 = E_0 + E_0 \times \mathrm{ROE}_0 \qquad (2)$$

将（2）代入（1）内，得到：

$$Gr = \frac{\mathrm{ROE}_1}{\mathrm{ROE}_0} + \mathrm{ROE}_1 - 1$$

由此可以看出，企业的成长性取决于其ROE，企业利润的增长率和ROE的边际变化有很大的关系。我们假设企业的ROE不变，则从以上推导可以得出 $Gr = \mathrm{ROE}$，换句话讲，高增长的基础来自高ROE。如果企业的ROE不变，则理论上来说，依靠企业的自我内生，不存在一个净资产收益率低于5%的公司，能够保持每年净利润5%以上的增长。如果企业不进行利润分配，增长率将和ROE持平，而如果存在分红的情况，净利润的增长率就会低于ROE，换句话讲，一个企业当期成长性的最大值就是其ROE。这个逻辑关系，在企业进行权益增资和债务融资的情况下同样成立。

企业的利润增长如果超过了ROE，一种合理的解释是，企业在经营过程中进行了溢价并购，使得计算ROE时，作为分母的净资产值（含有商誉）大于真实的账面净资产，导致ROE被摊薄。以爱尔眼科为例，这些年来，其CAGR（Compound Annual Growth Rate，复合年均增长率）高达35%以上，但其ROE只有22%，如果仔细观察其资产负债表，会发现商誉资产高达20亿元以上，而其净资产总额只有59亿元，也就是说，商誉资产在净资产中的占比高达35%。商誉与可辨认净资产的比值如果设为k，则企业调整后的$ROE_1 = (1+k) ROE$，如果我们按照可辨认净资产对爱尔眼科进行还原，可以看出其调整后的ROE将高达36%以上。

企业的利润增长没有超过ROE，一种可能的情况是企业在此会计年度进行了较大规模的股份回购并注销，使得公司的净资产同比出现了下降，使得计算ROE时的分母变小，则在利润不变的情况下ROE反而变大。典型的案例是2019年上半年伊利的大规模回购，使得当期虽然只有9%的利润增长，相较第一季度大幅下滑，但ROE却从12%变成了14%。

公司价值和利润增长之间的量化关系

物美价廉，在股票市场中意味着投资收益和该企业的利润增长成正比，和股票买入价格成反比：

$$投资收益 = k \times \frac{利润增长}{买入价格}$$

结合上述的整体分析，我们试图抽象出一个与投资收益相关的性价比系数Val，此系数与该公式有关。如在前文中的分析，利润增长Gr可以看作是ROE的函数，而成长性系数PE又是Gr的函数，所以对于性价比系数Val的分子，我们可以采用ROE来进行构造，分母可以采用买入价格相对于合理价格P的波动率

ΔP进行构造：

$$Val=\frac{f(PE,Gr)}{f(\Delta P)}=\frac{f(\mathrm{ROE})}{f(\Delta P)}$$

事实上，合理价格P又是净资产和ROE的函数，这意味着，波动率ΔP也是ROE的函数。由此我们可以看出，支配企业估值和增长最核心的指标就是ROE，无论站在产业还是投资的角度，都具有极其重要的价值。

数据验证与案例分析

我们选取了50只指标股，来作为长期性价比数据检验的标的池。每个季度季报公布日，统计并计算性价比系数，并以此时的股价作为下个统计时点的参考基准。经过4个季度以上的跟踪，我们对性价比系数的有效性结论给予了正面评价。

平均来看，性价比系数越高，在接下来一个季度，其股价上涨的概率越高，上涨率超过了60%。另外，性价比系数的边际变化对于股价当期的变化也显示出极高的相关性。性价比环比出现下降的股票，在接下来一个季度发生下跌的概率高达50%，而性价比环比出现上升的股票，在接下来一个季度发生上涨的概率高达80%。也就是说，性价比指标对于股票上涨的状态跟踪更具有敏感性。

在实际的交易过程中，性价比可以为我们的仓位控制提供指导。原则上，根据性价比系数大小来确定基础仓位，根据性价比系数的边际变化来确定仓位变动。最终的统计结果来看，这种方式比等额持仓不动的方式，每年的收益可以提高40%以上。

价值投资一定要求价格低吗

2020-06-05

作为价值投资的翘楚，巴菲特对于资产的筛选有严格的财务模型和买入标准。毫无疑问，巴菲特在成熟资产的挖掘和投资方面取得了极大的成功，无论是可口可乐还是富国银行，都堪称价值投资的经典案例。然而，巴菲特也有自己的弱项，就是对于新兴产业缺乏足够的判断能力，几乎完美错过了互联网工业革命带给美国和世界的巨大红利，为数不多的科技类投资也差强人意，IBM（国际商用机器公司）多年的套牢割肉甚至差点毁掉老爷子一辈子的声誉。至于投资苹果，也都是2016年以后的事情，当时苹果的市值已经超过了3000亿美元。事实上，巴菲特是把苹果当成消费股来投资的，在他眼里，iPhone和喜诗糖果并没有什么本质的区别。作为任何一个价值投资者，没有人会否定FAANG（脸书、苹果、亚马逊、奈飞、谷歌）的价值，但这类公司注定和巴菲特无缘。巴菲特对于资产价格的安全边际有极其严格的要求，哪怕再好的公司，如果他觉得贵，都不会轻易出手。客观来说，这是巴菲特极其可贵的品质，他对自己的能力圈和意志力有高度清醒的认知，但反过来看，也正是坚持低估值策略，让他在新兴资产的价值判断上形成了无法突破的瓶颈，甚至可以说是巴菲特一生都没有解决的难题。

如果刻意追求低估值，我们永远也不可能买入恒瑞医药、爱尔眼科、长春高新这些过去十年中国资本市场中的超级牛股。我自己曾经也为此陷入了很长时间的纠结，一直以来，坚决不碰市盈率超过40倍的股票。然而，这种缺乏动态认知和行业理解的低价策略，事实上是极其具有误导性的，特别容易让我们陷入以价格为导向的思维模式，而忽视了对企业内在价值的判断和深刻理解。其实，对于好资产来说，价格贵一点不重要，只要公司能够长期保持成长性，股票价格一般都会不断创出历史新高，只要不随便卖掉，通过足够长时间的持有，市场一定会兑现其内在价值。对于投资者来说，真正需要重点关注的，并不是股票的价格，而是企业持续的内在价值和竞争优势，长期来看，股票价格贵不是问题，公司质量差才是问题。而现实生活中的投资者，往往本末倒置，对于价格的关注程度远远超过了企业本身。

对于好公司而言，投资者真正面临的最大的成本不是价格，而是踏空。我们都希望能够在价格低的时候买入优质资产，但这种机会出现的时间窗口极其稀缺和狭窄。事实上，好资产的价格都不便宜，你在任何时候去买茅台和腾讯，都会觉得贵。一个常态化的有效市场具有足够强大的价格发现功能，对于好公司会形成长期的溢价共识，因此，如果硬要等到市场失灵的时候再去买入，很有可能要付出巨大的时间成本，在你空仓的这段时间里，企业的内在价值或许已经发生了难以想象的增长。

市盈率本质上反映的是市场对资产的风险偏好，并不代表资产本身的好坏，这一点需要充分理解和高度警惕。对于未来发展预期良好的行业，在相当长的时间里，市场往往会给出非常乐观的估值，某些朝阳行业，市场的平均市盈率甚至可以高达上百倍。这种情况下，往往会让我们的投资决策陷入两难的境地。一方面，我们倾向于选择低估值的资产，而另一方面，好资产往往处于高估值，特别是龙头企业，溢价水平更高。如果我们固执地恪守低价策略，那么对于某些看好的行业几乎会丧失掉任何投资的可能。

投资活动中，要正确理解价格的高低。低估值是相对的，不是绝对的。这个相对包含三方面的内容：一是横向来看，相对于行业整体的估值水平，企业目前所具有的竞争优势处于什么样的位置。二是纵向来看，在企业发展的时间轴上，其估值水平的变化也存在相对的高低。比如恒瑞医药，这么多年来，其市盈率基本在60~80倍之间变化，那么相对于80倍来讲，60倍就算是较低的估值了，如果公司的基本面并没有发生重大的变化，长期来看，60倍的价格绝对是可以果断出手的机会。三是结合成长性来看，如果企业的利润长期保持着高速增长，那么市场也能够容忍相对更高的估值。爱尔眼科长期处于100倍以上的市盈率，背后的核心原因并不是市场的炒作，而是多年来企业的利润稳定保持着30%以上的复合增长。

对于估值过高，但基本面满足投资需求的标的，我们可以通过仓位管理来规避机会成本。这里的机会成本，就是指由于在理论计算下，无法达到安全边际时的踏空成本。我们可以通过持股比例来对其进行控制，对于安全边际足够高的股票可以配置更多的仓位，而对于估值较高的股票，可采用较低的仓位，留足未来补仓的资金，一方面防止踏空，一方面又可有更大的概率去在低位摊薄成本。

格雷厄姆信奉烟蒂理论，总希望以极低的价格拿到心仪的资产。买得便宜是王道，这个道理谁都懂，但如何在时间成本和财务收益间取得平衡，是所有投资者都不得不面临的难题。哪怕是在2018年那么差的行情下，好公司的价格也很难出现大幅低于内在价值的情况，像当年巴菲特按账面资产打二折买华盛顿邮报的情景，在新三板也几乎不会出现了。随着信息技术的普及和社会的发展，资本市场有效性只会越来越高，等待价格错杀的绝对机会越来越难。指望现在买得便宜，不如对未来看得准确，这就是为什么作为职业投资人，我们需要不断对价值判断能力进行提升的内在要求。研究和等待不冲突，怕的是很多人以等待为借口，却放弃了研究，本质上都是在为自己的懒惰寻找借口。另一方面，对于内在价值不断增长的股票，如果一味等待市场错杀的时候再去买它，本质上还是一种投机心态，貌似没有什么成本，但事实上我们有可能会错过企业最黄金的成长期，付出巨大的机会成本。除非没看懂，或者价格已经贵到离谱，否则对于好公司，一直持有才是理性的选择，更没有理由随便抛弃它。巴菲特说过，对于好公司，我只考虑买入，从来没考虑过什么时候卖出。

投资活动中的理性认知偏差

2020-07-03

大多数的投资逻辑都是基于理性经济人的前提，然而事实上，真正参与股市的投资者，能够做到理性经济的却是少数，大多数人的投资决策行为被感性和情绪所扭曲，体现在盘面上最典型的行为特征就是追涨杀跌。

当我们站在理性的角度去对一个群体决策事件进行预测的时候，结果往往大相径庭，很大一部分原因就在于，我们忽略了群体无理性的事实。大部分人都是从众的，在面临重大抉择时，宁可相信大多数人的立场，而不愿意相信理性思考的结果。这其实是一种原始的自我保护意识在作祟，类似于羊群效应，往往认为或感觉和大多数人在一起就是安全的。这种现象在股票市场上体现得更加典型，当我们从完全经济和理性的角度去做出判断时，事实上这并不见得是大多数人的选择，受限于信息不对称和思考能力，人群中的大多数其实是盲目和非理性的。这也部分解释了在对市场进行预测时，经济学分析往往输给金融行为学的原因。所以，当我们对客观事实进行考察分析时，还需要将主体对象纳入考虑范围，精英和普通老百姓在对复杂事物作出判断时，得出的结论往往是不一样的。核心问题是，在中国这种散户化的资本市场中，掌握话语权的不见得是精英，而是占了沉默大多数的普通老百姓，与其指望他们获得理性判断的能力，不如期待他们尽早离开市场来得更切实际。群体效应告诉我们，永远不要高估大众的智商，也永远不要低估大众的力量。

投资的过程，本质上是一个不断对自我逻辑进行修正（证实或证伪）的过程。当我们对某个可能盈利的投资机会形成投资逻辑以后，首先要看它是否自洽，其次要经过实证进行检验。很多时候，我们在做思维实验时成立的结论落实到真正的市场环境中，结果往往与预期有巨大的偏差，因为思维实验的条件是预先设立的，而这些条件在现实中是否成立却是高度存疑的。

举例来说，很多基于理论演绎的套利模型，落实到具体操作往往是不成立的。比如A/H（A股/港股）的跨市场套利，一般来说，当出现同股不同价的情况时，我们可以选择低价市场做多、高价市场做空的方式实现套利。然而在真实的市场中，低价或许会更低，高价或许会更高，A+H股的上市公司，股票价格一直存在大量的倒挂现象，并不见得同样的股票港股看起来低就更安全。这种不同市场的偏好差异或许会长期存在，并不因为所谓的价格扭曲而在短时间内趋于一致。

一位我非常尊敬的前辈曾经告诉我他自己一次真实的投资经历，就是一个非常典型的案例。当初陆港通马上要开放的时候，很多专业投资者都有隐隐的担心，因为长期以来，AH股存在着显著的价差，同样的上市公司，A股的股票往往被高估，H股被低估，这意味着，一旦两个市场的资金流通管道被打开，理论上，资金会流向成本更低的市场，站在一个理性投资人的角度，上述的结论显然应该是成立的。这位前辈基于以上的投资逻辑，在陆港通开放之后选择香港交易所进行了投资（香港交易所也是一个上市公司），看起来，这显然是一个非常不错的投资机会，大量南下的资金将会给H股市场带来交易量的显著增加，最直接受益的当然就是交易所本身。然而真实的情况却是，沪港通开通之后，资金的选择方向并不是南下，反而是北上，大量的国际游资通过沪港通进入了A股市场。从市场本身来看，2015年之后，香港交易所确实也遭遇了一波显著的下跌走势，这个结果从经济学的角度来看，显然是出乎意料的。

这种理性认知偏差不仅发生在股票市场，事实上在所谓民主国家的政治选举中，也存在这种现象。特朗普之所以能够击败希拉里成为美国总统，很大一部分原因在于其政治主张迎合了大多数人的即时满足，但从长期来看，这些主张未必是理性而富有战略意义的。事实上，作为卓越的政治家，最大同时也是最难的一项素质要求是如何达成妥协的能力，也是一种在国家理性和国民感性之间取得平衡的能力。任何一个主权国家，领导人放出民粹主义的狠话在内部来说都是最没有政治风险的行为，也是取得国民支持和喜欢的捷径，但如何在主权尊严和国家博弈间取得妥协，才最能考验一个领导人的政治智慧。

面对理性认知偏差，我们要学会换位思考，读书多的人有个毛病，往往对自己的判断和想法高度自信，总感觉自己相对大众来说拥有智商优越感。然而，股票市场是大众参与的结果，没有逻辑的孰优孰劣，无论做出多少种推理和假设，市场最终只会走出一个结果。所以，思考从普通人的视角如何去看待市场也是十分必要的，经常把自己当成韭菜，我们才能避免成为真正的韭菜。

投资活动中常犯的逻辑错误

2020-07-03

投资是一项智力活动，很多时候，需要通过理性的思考来做出适当的决策，理性程度的高低往往决定了我们投资结果的成败。虽然说理性的投资人不一定能够赚到大钱，但赔掉大钱的后果几乎都是因为失去理性所导致的。

投资活动中，几乎所有人都会认为自己是站在了理性的一面，貌似每一笔买卖都是深思熟虑的结果，但事实上，大多数人并没有意识到，自己在投资决策中会不自觉地掉入非理性的陷阱。一般来说，以下一些逻辑错误会频繁地出现在我们的投资活动中。

错误归因

错误归因，或者也可以称为因不对果。我们总会想当然地把一些表面看起来似乎有所联系，但事实上并不构成因果关系的事物当成我们投资决策的依据，这种错误貌似很低级，但几乎人人都在犯，以至于普遍到很少有人会去注意到它的存在。比如经常有朋友说，大盘现在不好，指数走得一塌糊涂，所以没必要去投资股票。这话听起来是如此的理所当然，然而仔细想想，就会发现其实有巨大的逻辑陷阱。我们去投资股市，买的是代表某个具体公司的股票，决策依据显然应该是这个公司是否值得去投资，无论我们对其价值判断的认知是否准确，至少这个逻辑一定是成立的。但是，大盘好不代表这个公司就好，大盘差也不代表这个公司就差，事实上，大盘和个股之间的相关性，远远低于很多人的想象，哪怕是最大的权重股，对指数的影响也是微不足道的。如果是做股指期货，通过看指数来做决策还算有些道理，但看指数买股票，显然理由是不充分的。这么多年来，中国股市一直踌躇不前，走了十年，还在3000点晃荡，但贵州茅台却从不到500亿的市值飙到了2万亿。十年间，指数还是那个指数，但茅台早已不是往日的茅台。

这个逻辑错误也提醒我们，做股票一定要进行降维分析，不要流于表面，而应该学会在复杂的决策信息中，点对点地提炼出真正的因果关系。看指数做股票，某种程度上也是偷懒心态在作祟，总以为自己抓住了主要矛盾，其实却被冰山一角蒙住了双眼。投资者如果天天盯着指数看，而不是去研究具体的个股，中国资本市场再大的红利其实也与你无关。

因果倒置

因果倒置也是投资者一个经常犯的意识不到的错误。举个例子来说，很多人会觉得一个公司股价走得好，那么这个公司应该就是个好公司，但事实恰恰相反，不是因为股票贵，公司就好，而是因为公司好，股票才贵。一个好公司的价值和其股价的走势有什么关系？长期来看，好公司的价值只取决于自身的竞争优势，它是股价上涨的决定因素，而绝非反过来，股价上涨促进了公司的内在价值。事实上，因为股价走得好，所以它是个好公司，这个观点和逻辑显然很多人并不会认同，可一旦落实到操作，却不自觉地以股价涨跌来决定自己的投资行为，所以很多人在投资中事实上犯了因果倒置的错误却浑然不知。

沉溺于技术分析的朋友往往容易陷入因果倒置的陷阱当中。经常会听到电台里的股评节目有类似这样的评论：因为MACD（Moving Average Convergence，指数平滑移动平均线）出现了金叉，所以接下来股价会上涨；因为指标出现了背离，所以走势可能出现反转，如此等等。这些说法对刚刚步入股市的新朋友来说，具有极强的误导性。事实上，技术分析所得出的统计学意义上的结论，恰恰是股价走势所反映的结果，而绝不是股价涨跌背后的原因。不能否认，技术分析确实有它特殊的存在价值，但它最大的弱点是对股价的涨跌缺乏有效的归因分析，如果投资者把所有的决策依据都交给技术分析，那本质上和算命没什么区别。

认知偏差

局限于投资者的认知能力，每个人都有自己的认知半径，也就是巴菲特所谓的能力圈。当投资者意识不到自己能力圈的限制时，往往会用有限的认知去推演未知的事物，或者用外行的视角去质疑专业的结论，导致出现认知固化或者认知偏差。

举例来说，隆基股份作为全球最大的单晶硅生产企业，行业地位和竞争优势都是经过市场检验的，但一直以来，在股民中间总流传着对隆基的一些质疑，特别是单晶的工艺路线和组件规格的问题，常常会引起市场阶段性的讨论。事实上，站在专业的角度，普通投资者所担心的问题在内行人看来根本不值一提。无论铸锭还是直拉，166还是210，这些要素并不构成对于光伏行业颠覆性的影响，而作为头部企业的隆基，在这些非核心的战术问题上出现翻船的可能几乎没有，作为普通投资人，完全没有必要去怀疑隆基解决这些问题的专业能力。

事实上认知偏差的错误几乎无人可以避免。任何人都有自己的认知偏好，如果不进行刻意反省，很容易掉入以偏概全的坑里。人们总有这样的思维误区，就是自己觉得好的东西，就一定好，或者自己觉得不喜欢，别人也一定不喜欢，我本人就有过很多现身说法的案例。因为从小不爱吃卤味制品，所以对于相关产业和公司几乎无视，导致长期错过了绝味食品这样优秀的上市公司。再比如养猪行业，对于很多人来说，觉得是典型的传统产业，又脏又累又不“性感”，天然就不在投资名单之内，但二师兄这两年的表现，确实让很多人瞠目结舌，没想到不光猪价可以飞上天，股价也可以飞上天。

认知偏差还有个典型的表现就是只看立场，不看观点，非我族必一棍打死。很多人认为李大霄是个大忽悠，那么就会对他所有的观点都嗤之以鼻，事实上，大霄同志虽然走的是网红路线，却一直是中国核心资产长期投资的积极倡导者，经常发表被打脸的言论本就是他吸睛的策略，但如果你能够去芜存菁，理性分析他的核心观点，还是可以得到一些有价值的参考。

宏观谬误

投资需要有宏观的视野和思维，这决定了投资者是否能够走在正确的方向上。但真正让你前进的还是具体的工具，你是选择骑自行车还是开小轿车，未来能走多快、走多远显然是不一样的。

有些朋友非常关心天下大事，说起国际时事头头是道，恨不得买个股票都能和火星扯上关系。事实上，一个公司股价的走势，最核心的决定因素是来自企业本身微观的竞争优势，和天下大事真没啥太大的联系。当然，研究宏观经济对于我们理解市场和企业的竞争优势一定有积极的促进意义，但落实到具体的投资，标的自身的微观特性才应该是我们关注的重点。

与其天天关心特朗普在推特上发了些啥，中美冲突如何升级，真不如好好研究下恒瑞医药又研发了多少新药，宁德时代又取得了多少专利。不是宏观不重要，而是很多人过高地估计了宏观的影响，反而被带偏了节奏，忽视了企业微观层面的竞争要素。一个朋友买了茅台没几天，就爆发了伊朗核危机，然后就各种杞人忧天，甚至于焦虑到睡不着觉。事实上，这些担心真没什么必要，你只是投了一家在中国卖酒的公司，中东就是打起来又和它有什么关系呢?

今年的新冠肺炎疫情也让很多人吃了宏观谬误的苦头。一直担心全球经济会受到疫情的冲击，很多人都选择了彻底远离资本市场，而真实的世界却和大家想象的一点都不一样，美股不仅没有垮，纳指还创出了历史新高，A股不仅没有崩，上证也再次站上了3000点关口。这次的疫情事件再次给了投资者一个永远的忠告：打雷下雨的事交给上帝，埋头种地的事交给自己。

从众心理

大多数的投资逻辑都是基于理性经济人的前提，然而事实上，真正参与股市的投资者，能够做到理性经济的却是少数，大多数人的投资决策行为被感性和情绪所扭曲。当我们站在理性的角度去对一个群体决策事件进行预测的时候，结果往往大相径庭，很大一部分原因就在于，我们忽略了群体无理性的事实。大部分人都是从众的，在面临重大抉择时，宁可相信大多数人的立场，而不愿意相信理性思考的结果。

每一次牛市崩盘前，几乎没有人不知道股票的价格已经很高了，但没有几个人能够做到在峰巅之时急流勇退。这不光是个认知问题，还是个心理问题，当你和大多数人在一起时，往往觉得自己是安全的，这种思维错觉几乎会让你丧失掉任何理性思考的能力。

上市公司的老板都是具有人格魅力的企业家，普遍有着极强的洗脑能力，长期在他周围的人，往往也会形成羊群效应，只看到老板的光环，而忽视了逻辑的漏洞。想要做好投资，某种程度上要远离管理层和实际控制人，更多的时候，我们只需要站在市场和第三方的角度，用客观和冷静的视角去解读企业就足够了，特别是对于一个公众公司来说，从公开渠道获得的数据就足以保证我们对它的价值做出比较客观准确的判断。相反，当你和一个上市公司的老板成了朋友，你会不自觉地站在他的角度去看待企业的未来，大面积地忽视企业自身客观事实和数据所提供的信息，甚至会陷入一种信息不对称带来的优越感所导致的错觉当中，这种错觉往往是投资最大的敌人。

大众往往有个误区，觉得内幕交易一定是赚钱的，其实恰恰相反，资本市场上，知道的消息多往往并不是什么好事，除了涉嫌违规操作，承担法律风险之外，更重要的是会让你在投资的道路上越走越偏，离真正的目标越来越远。投资者始终要牢记，在投资活动中，客观分析和独立思考是极其难得的品质。

以上这些逻辑问题，往往会成为投资决策中的暗礁，使得投资行为面临众多未知的风险。为了避免这些风险，投资者要不断进行思维训练，强化客观分析和独立思考的能力，碰到问题时别放过，回归理性和常识，有意识地思考一下是否存在逻辑漏洞，久而久之，就能够避免掉入思维陷阱，提高自己透过现象看本质的洞察力。

如何建立交易系统

2020-07-19

一个成熟的投资者，一定要有一个稳定的交易系统，这个交易系统是由其认知和人格所形成的统一体。一个人的精力和认知是有边界的，所以其交易系统也具有边界，不可能穷尽市场的交易机会。投资者需要随着市场自身的变化，在某些操作细节上进行适当的动态优化，但如果总是在不断地颠覆自己的交易习惯，说明他仍然没有获得一个具有内在稳定性的交易系统。真正可以帮我们赚钱的一定不是感觉，恰恰相反，交易中最大的陷阱是人性。所以本质上来说，交易系统是一整套可以实现正向收益并具有内在稳定性的行为管理模式，其作用是避免我们陷入感觉和人性的误区。

交易系统并不是越复杂越好，太多的信息提取反而会造成噪声干扰，所以过度优化并不可取。一个好的交易系统应该具有以下几个特点，我将根据自身的交易系统来举例说明。

缜密的逻辑支持

理论上来说，投资者只能赚到自己认知范围内的钱，也就是说，任何时候，我们都会受到自身能力圈的限制。是否处在能力圈内的一个显著标志是，我们能否对所作出的投资决策给出严密且有效的投资逻辑。对于交易系统来说，缜密的逻辑支持是最基本的要求。

投资是认知的变现，本质上是投资逻辑的变现，认知有对错，投资逻辑当然也有真伪。事实上，投资逻辑只有经过实战的检验才能够证明其有效性。在思维实验中，所有的投资逻辑都可以成立，因为所有的前提条件都可以预设，但在真实的世界里，逻辑被证伪的概率就会大大增加。

投资逻辑可以被证伪，但首先必须要自洽，一个连投资者自己都解释不清楚的投资逻辑，很难想象它能够在现实中起到什么有效的作用。投资者首先要建立自己对标的的价值解释，然后再通过实战去进行证实，对于交易系统的完善，本质上就是对投资逻辑不断的修正和优化。

对于价值投资者来说，我们首要关注的是企业的内在价值，所以投资逻辑也一定是以价值判断作为依据，而不是取决于市场短期的价格波动。一个好公司，基本面没有什么变化，如果50块你愿意去持有，那么跌到30块，我们完全没有理由不去买它，更不应该随随便便就把它卖掉。

不同行业、不同公司的投资逻辑显然是不同的，我们当然无法给出唯一的投资标准去进行判断和量化，但从商业角度来看，我们仍然可以提取一些具有共性特征的判断标准。比如超越于行业之上，业绩增速、企业规模、ROE等财务指标，都可以成为我们判断企业价值的有效手段。具体到不同行业，也可以进行有针对性的商业模式和竞争优势分析，如消费行业的产品、渠道、品牌、市占率是关注的重点，科技行业的研发、人才、管理、壁垒是关注的重点；标准化产品看规模、看成本、看渠道管理，差异化产品看门槛、看品牌、看议价能力；成熟市场看存量竞争、看市占增长、看谁更强，成长市场看增量竞争、看自我增长、看谁更快；如此等等。我们可以高度聚焦于行业和企业，提炼出相应的投资逻辑，并在实战中去加以验证。

完整的策略设计

一个完整的投资体系，既包括形而上的投资理念，也要包括形而下的投资方法，其内在的逻辑一定要自洽且可验证。基于有效的投资逻辑，然后形成具有可操作性的投资策略，是落实投资决策的必要一环。

投资策略包括，买入、卖出（止盈/止损）、仓位控制、风险控制等内容。

买入分为初始建仓和持有加仓。针对价值型标的，长期持有是投资利润的主要来源，所以初始建仓可以更加果断，不用太考虑价格和时机，第一时间建立底仓就意味着我们尽快地进入了持有状态，避免了踏空成本。底仓建立后，原则上将会一直持有，而在持有过程中，我们可以根据市场的波动情况，择机进行加仓买入，提高持仓规模。

卖出分为两种，止盈和止损。止盈说起来比较简单，针对上述的加仓单，我们可以设定相应的离场目标，提高资本投入的周转效率。需要注意的是，止盈单并不是我们利润的主要来源，它只是我们降低持仓成本的手段，理解这一点非常重要，否则特别容易陷入短期的交易关注而忘掉了长期的价值判断。至于止损，原则上只有在基本面出现证伪的情况下才触发亏损卖出，一般来说，我们不会因为股票本身的价格波动而主动离场。

仓位管理分为个股管理和整体管理，一般来说，对于个股，我们会根据风险收益比来匹配不同的仓位，估值水平太高，相应的持仓水平就低，留足低位的补仓资金，估值水平低，就相应地加大持仓，博取低风险下的更大收益。对于整体仓位来说，由于我们的主要利润来源于长期的持有收益，所以原则上整体持仓不应该低于70%。而为了面对市场可能出现的极端状况，账户的可用资金原则上决不可全部用完，任何时候，至少都应该保持10%以上的现金头寸。

风险控制对于规模化的资金管理来说非常重要，建议有条件的朋友可以采用对冲工具，比如股指期货或期权对市场风险进行主动管理。两种情况下可以采取对冲方式进行风险管理：第一种是，当市场本身出现明显的下行趋势，未来下跌的空间仍然预期较大的时候；另一种是，当市场整体运行到目标位或大级别阻力位的时候，在股指期货或期权上进行开空操作。一定要注意，任何时候，空头的持仓规模都不可以超过股票多头的市值规模，换句话讲，对于价值投资者来说，任何时候都不应该持有净空头。

巴菲特说过，你永远不可以通过做空自己的国家去赚钱。事实上，这个原则对于价值投资者来说极其重要。

严格的过程执行

有了有效投资逻辑支撑下的策略设计，并不等于我们就取得了投资的最终胜利。事实上，任何策略，如果离开了严格的执行，最终的结果都可能是失之毫厘，谬以千里。

为了对执行过程进行充分的保障，我们可以建立严格的交易链条来对投资行为进行规范。事实上，如何保障从策略到执行的惊险一跃，看似简单，实则不然。对于职业投资者来说，错误有可能出现在交易链条中的任何一个环节，市场中经常出现的乌龙指事件并不偶然，往往都是交易团队内部控制出现问题的外在表现。

广义的交易链条可以对投资逻辑和策略设计进行覆盖。在我自己的交易系统中，基本上遵循以下的交易流程（见图1–3）：

- 财务分析；
- 基本面分析；
- 技术面分析；
- 风险评估；
- 交易计划；
- 执行过程。

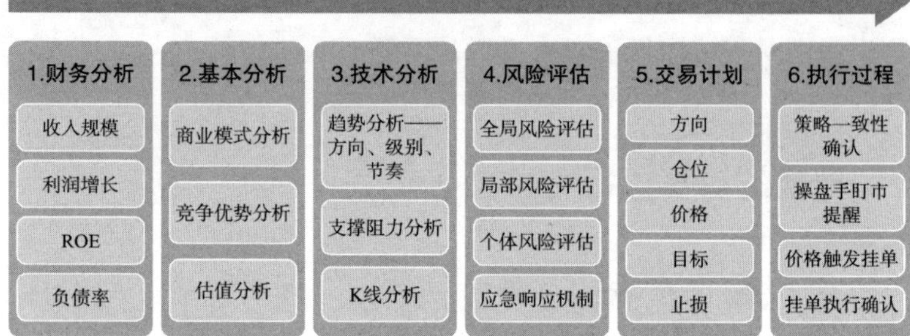

图1-3　交易链条详解

流程当中的每个具体环节，此处不进行展开，有些内容在我过去的文章中有更多的详细介绍，感兴趣的朋友可以自己去看看。这里主要想给大家做一个案例示范，并不是什么标准套路，投资者完全可以根据自身的交易模式和人格特点建立适合自己的交易链条。事实上，链条中的每个环节，貌似简单，其实并不轻松，都包含了可观的工作量，有些甚至需要通过相应的规章建制进行系统性管理。

交易系统的一致性原则

任何交易系统都不可能是完美的，总会有亏钱的时候。交易系统的一致性就是要求投资者从逻辑到方法，从策略到执行，都应该尽可能地遵循标准化操作。一致性的核心原则是，如果你不能够容忍必须要亏的钱，也就不可能赚到你该赚的钱。举例来说，价值投资的核心利润来源一定是通过对满足投资要求的股票长期持有来获得，这听起来很简单，但对于绝大多数人来说，极其难以做到，经常会被市场剧烈的波动清洗出局，从而错过了股价未来的大幅上涨。所以，如果你想赚到长期持有的利润，就必须忍受市场短期的波动，如果总想着避开每一次的市场风浪，我们也很难在股海中乘风远航。

一个朋友在200块买的茅台，本来计划拿很多年，但跌到100多的时候心态就绷不住了，最后在400块的时候卖了出去。当时还很开心，以为卖在了高点，但从此以后，再也没给他400以下买入的机会，一路踏空，最后连茅台股价的走势图都不愿意再看了。

事实上，对于价值投资来说，择时是一件极其被动和困难的事情，好股票的价格总是处于长期的高估状态，如果等待价格回到所谓的合理区间，首先是出现的时间窗口非常少，而投资者在等待的过程中往往会错过企业的黄金成长期。其次，即使碰到这样的时间窗口，投资者在当时也未必能够抓住，股价下跌所带来的恐惧往往会让人产生深度的犹豫，很难果断出手，患得患失间，买入的时机或许很快就过去了。大道至简，与其天天去算计和等待，不如在研究清楚企业的长期价值后迅速入场，在建立底仓的基础上，再适当进行择时的加减仓操作，既可以避免长期踏空，也能够有必要的资金进行仓位管理。从价值投资的角度来看，投资者优先考虑的应该是能否长时间持有一家好公司，而不是短期赚取它的波动性收益。

如何在投资中做好压力管理

2019-10-09

很多参与过股票投资的朋友往往都有过这样的经历：自己在做模拟账户的时候，成绩都不错，可一旦落实到真实操作，效果却差强人意。为什么会出现这种情况，很重要的一个原因在于心理压力不同。模拟账户本质上就是个游戏，如果做不好，大不了可以再开一个。但真实账户却不一样，一旦出现投资失误，带来的就是真金白银的亏损，甚至可能导致血本无归，不会给你再来一遍的机会。所以在真实交易中，往往会出现压力之下的动作变形，无论多么完善的投资策略，都有可能受到心理波动的影响，导致最终功亏一篑。由此可见，在投资过程中，压力管理是多么重要。

压力管理的核心问题是如何剔除感性判断对理性思考的干扰。感性判断是对信息处理的主观反应，在日常生活中大量存在，觉得天气冷就加衣服，觉得肚子饿就吃东西，这种行为模式对瞬时信息响应快、效率高，在处理简单决策问题时具有很大的优势。然而，在面对复杂决策事件时，感性判断很难做到全面和准确，这种情况下，我们就需要理性思考的介入来参与决策。理性思考也是我们区别于其他生物最重要的能力之一，人类之所以能够主宰世界，就是因为我们是唯一具有能够对信息进行复杂化处理的智慧生物。

投资显然是一个极其复杂的决策事件，在整个过程中，我们需要进行大量的理性思考。很多散户朋友之所以做不好投资，很重要的一个原因是在决策时不是靠思考，而是靠感觉。事实上，把一切决策都交给感觉，是投资中最大的风险。只有在冷静的状态下，我们才可以进行有效率的思考，而在股票投资中，当我们盯着价格曲线变化的时候，心里往往也是七上八下，很难保持内心的平静。所以，做投资真正的功夫在盘外，与其每天花大量的时间关注股票价格的变化，不如把精力放在企业本身的基本面研究和价值判断上。

所以，做好压力管理的前提是首先做好理性思考，在形成决策行为之前就把能考虑的问题尽量考虑到，从逻辑到方法，从策略到执行，每个环节都尽可能做到全面覆盖，形成有效的制度安排。虽然市场随时在发生变化，我们也不可能穷尽市场所有出现的情况，但在事前做好计划和方案显然比见机行事更能够对抗突发状况对交易心理的干扰。

即使有了完整的事前准备，但由于人性的弱点，在实际的交易过程中，单独的个体也很难做到有效的压力管理。投资虽然不是劳动密集型工作，但也是需要团队的，准确地说，是需要伙伴的。哪怕强如巴菲特，也需要芒格这样的黄金搭档，除了在业务能力上的互补，更重要的是，在几十年的投资生涯中，他们早就成了彼此的灵魂伴侣和精神支柱。

团队是克服人性弱点的有效工具。由于缺乏监督，个体的投资计划往往会在交易过程中出现反复无常的变化，而一旦有了团队，就意味着所有的投资和决策行为都会被公开化，使得变更交易计划的说服成本显著提高，能够对感性判断带来的干扰进行有效规避。另一方面，团队和个体相比，承受交易压力的能力显然更强，而常态化的团队建设和内部交流，也更能够有效地舒缓交易压力，促进彼此的成长。

有了制度和团队，仅仅是完成了压力管理的硬件建设。事实上，要想建立压力管理的长效机制，还需要不断地进行价值观的塑造。做好投资绝不是一朝一夕的事情，特别是价值投资，更是需要长时间的逻辑验证和成果实现。当我们长期处于交易状态中时，很容易忘掉价值投资的初心，迷失目标和方向，所以需要时时反省，不断总结，在战略层面形成长期稳定的价值观，只有这样，才能在面临战术层面的交易压力时毫不动摇地坚持下去。

总结起来，投资活动中的压力管理包含了三个方面的内容：第一，团队建设是对抗交易压力的基础；第二，制度建设是对抗交易压力的手段；第三，价值观建设是对抗交易压力的核心。如果能够做好这几方面的工作，就能够有效管理交易压力，克服感性判断对理性思考的干扰，大大降低投资活动中由于心理波动所导致的出错概率。

如何克服投资中的沮丧情绪

2019-06-13

由于职业的关系，经常会有一些股民或者做投资的朋友过来聊天，很多人对于投资失败带来的负面情绪深恶痛绝，询问有没有什么好办法摆脱这种苦恼。事实上，关于情绪波动，没有人能够在资本市场中独善其身，但学会调整自己的心理确实是非常重要的一门功课。

克服沮丧情绪是一项必备的能力，我们要时时刻刻提醒自己，不要被暂时的坏情绪干扰了理性的分析和判断。作为一个职业投资人，遭遇交易的不顺利是必然的工作常态，我们总希望自己能够在不同的市场走势中表现出适当的人性特点，但不得不承认的是，敬畏和勇气往往会出现在相反的实际场景当中。当我们敬畏市场的时候，它反而像个温顺的小猫，当我们鼓起勇气进场的时候，它往往又暴怒得像只野兽。

克服沮丧有两个要素，一个是认知，一个是方法。我们首先要理解沮丧是无法彻底摆脱的人类情绪，任何时候，作为一个心理健全的正常人，我们的情绪不可能超然于肉体之外。从心理学分析来看，适度的沮丧事实上是一种自我保护，可以帮我们启动应急机制，激发人类面对挫折时的思考。所以，对于沮丧没必要去排斥，反而应该去坦然地接纳并加以利用。从多年的自我体验来看，每当遇到投资不顺利的时候，反而是自己最善于总结和思考的时候。只要积极去面对，每一次的困难都会成为我们获得力量和成长的机会。

对于股民朋友来说，落实到交易和操作，管理沮丧情绪最好的方法是将其控制在可承受的范围之内，避免巨大的心理冲击超出我们自身的调节能力。具体来说，可以分为事前和事后。事前，即在交易之前就做好仓位和资金管理，严格做好交易计划，不要动用太多的现金资产投身于股市，特别是避免采用杠杆资金。股票市场确实容易让人产生未来暴富的幻想，但盲目的重注往往是人生噩梦的开始。具体操作中，要避免大仓位频繁进出，可以用小步调整的方式降低边际操作对心理的冲击。事后，则要学会快速的转移注意力，马上让自己从交易状态中抽身出来，去做一些更有自我提升意义的事情。我自己的经验是，一旦出现交易问题，第一时间进行书面总结，这个时候对于问题的感受是最强烈的，而由此引发的思考也是最深刻的，形成的文字材料往往具有较高的珍藏价值。或者培养一些喜爱的运动和健康嗜好，如果任何时候你都可以从这些活动中获得快感和乐趣，你就有了对抗沮丧情绪极好的手段。另外，手边一定要有随时可以拿起来看的床头书，特别是一些百看不厌的投资经典，能够迅速让我们从不良情绪中解脱出来，并在反复的自我学习中提高和强化对于投资的认知。

另外还有非常重要的一点，就是要建立完备的情绪疏导机制。做投资要有伙伴，哪怕是股神巴菲特，也离不开芒格的不离不弃。志同道合的投资伙伴，是构建长期投资事业的基石，也可以为我们构建强大的心理支撑。在我们遭遇不顺时，与伙伴的充分沟通，可以有效缓解沮丧情绪对身心健康的干扰。当然，所谓的伙伴，一定要有共同的价值观，特别是投资理念的高度统一，否则，你可能在遭遇市场的打击之后，还要遭受朋友的二次暴击。

金融投机的风险和行为约束

2018-11-01

风险有两种定义：一种定义强调了风险表现为不确定性；另一种定义则强调风险表现为损失的不确定性。

风险表现为不确定性，说明风险产生的结果可能带来损失、获利或者无损失也无获利，属于广义风险。而风险表现为损失的不确定性，说明风险只能表现出损失，没有从风险中获利的可能性，属于狭义风险。

金融风险就属于上述的广义风险。我们承受一定的风险是为了获得和风险相匹配的获益。换而言之，风险是和我们从事金融投机活动相伴而生的，只有相对的大小概念，不存在绝对规避的可能。

金融市场的风险体现为波动性，波动性越大，我们获利的机会越大，同时潜在的亏损也越大。

在金融投机活动中，风险无处不在，但来源却各不相同。整体来看，主要来自轻信、诱惑、放纵、方法和认知等五个方面。

轻 信

轻信是人类最重要的弱点之一。迷信权威和人际依赖是造成轻信的最主要原因。在金融市场之中发生的诈骗和黑幕远远高于其他领域，这其中绝大多数都是由于投资者的轻信造成的。基金的营销就是最典型的案例。在2007年、2015年中国股市最火爆的时期，当时的市场风险已经积聚到了很高的程度，但众多基金公司在利益的驱动下，打着专业投资的幌子将许多无知的投资者诱导成了基民，造成了无数人的财富缩水。而麦道夫的庞氏骗局更是利用了人们对股神的膜拜，最终让无数投资者血本无归。消除轻信最有效的方法就是亲自去学习和实践，消除对陌生领域的神秘感和陌生感。正如常言所说，“知己知彼”方能“百战不殆”。

诱 惑

金钱对于人们的诱惑有多大，想必每个人心里都有自己的答案。金融市场的造富神话蛊惑着每一个人的财富梦想，也正是这巨大的诱惑，让许多人丧失了最基本的判断和理智，提升了风险偏好。每一轮牛市的高歌猛进，推动其上涨的不仅仅是金钱，还有金钱背后的贪婪。高位套牢的投资者，无一不是源于对更高价格的预期，从而忽视了对于风险的防范。

放 纵

放纵也是人性中最致命的弱点之一，体现在金融投机活动中就是投资者对于自己所犯错误的漠视，最终导致不利的局面走向失控，落到不可收拾的地步。投资行为中，一旦支撑投资决策的基本面要素发生显著变化而导致持仓行为的条件不再成立，需要尽快离场，避免陷入无谓的亏损和机会成本。很多投资者在交易中没有止损的习惯，一旦浮亏发生就绝不离场，期望守到回本甚至盈利为止。但往往事与愿违，特别是很多采用金融杠杆的投资者，爆仓就是从一个小错开始，不断放纵，直到最终无法挽回。所以，要想成为一个成功的金融投资者，一定要有壮士断腕的勇气，在必要的时候止损出局。

方 法

风险虽然不能完全规避，但却可以有效地控制和防范。科学的交易方法是风险控制必不可少的手段。专业的投资技巧，都是基于风险控制目标之上的交易方法，这些方法中本身就蕴含着丰富的风险控制思想。很多投资者在进入市场之前几乎没有任何的相关知识，交易行为完全是随性而为，这种方式下的资金收益曲线必然是上蹿下跳，相应的风险水平自然也是非常之高。

认 知

对于风险本身的认知不足其实是最大的风险。很多刚刚开始接触金融投机的朋友，都具有相当高的风险偏好水平，根本没有意识到潜在的亏损，更不要说面对亏损的应急方法。很多人的风险意识都是在市场中逐渐形成的，当自己真正在金融投机中经历过亏损的痛苦，才发现自己承受风险的能力远远没有达到想象的程度。提高对风险的认知，不仅仅是一种科学的投资态度，更是一种规避人性弱点的方法，能够在实战中达到保持良好心态、树立交易信心的目的。

经常有人说投机意味着很大的风险，其实不然。如果市场没有投机，则所有交易者的交易位置将会相同，交易也将无法进行。这意味着市场流动性的丧失，而流动性风险高度集中的后果是不可想象的。所以，投机也是风险转移的必要手段。

众所周知，金融市场是风险很高的投机市场，特别是杠杆交易，在放大了收益的同时也相应地放大了风险。但是，将风险归咎于投资产品本身是没有任何道理的，没有人的参与，风险不可能被制造出来。例如，很多人把次贷风暴导致的金融危机归罪于复杂的金融衍生品的广泛推广，这种观点有避重就轻、回避责任的嫌疑，我不敢苟同。按照这种逻辑，是不是结构简单的投资品种就没有风险呢？如果是这样，为什么还会有那么多的人在股票、期货、地产，甚至邮票、普洱茶上赔得倾家荡产呢？可见真正的风险来自交易者本身，我们自身的贪婪和对风险控制认知的缺失导致了潜在风险的放大。

对于风险的忽视来自风险与收益的不对称。或者说，当我们的贪婪没有等量齐观的恐惧进行约束时，真正的系统性风险就被创造了出来并逐渐累积。新经济时代西方金融业的大量产品和制度创新就是在这种风险和收益不对等的条件下创造出来的。当华尔街的高管们在金融风暴肆虐的风口浪尖还可以大笔领取奖金和分红时，被暴露在巨大风险之下的无疑是众多投资者。

不要责怪别人的贪婪。哪个人不贪婪？重要的不是批判我们的贪婪，而是要有必要的手段制约我们的贪婪。在金融投机活动中，与收益相匹配的风险就扮演着约束和规范我们行为的角色。如果这个市场真的是只进不出，成为某个人的自动提款机，我们反而有必要怀疑这场博弈游戏的公平和公正性。所以，真正完美的市场和完美的交易一定伴随着等量齐观的风险，我们要做的不是惧怕风险，而是在正确认知的前提之下科学地规避和防范风险。

其实，风险意识不仅仅应该存在于金融投机领域，更应该是我们广泛的行为原则。生活其实就是风险和收益的博弈，我们在做出任何人生选择的时候都要尽量考虑到可能出现的风险，做到趋利避害。

止损一定是理性的吗

2020-06-12

在投资活动中，止损是一种非常常见的风险控制手段，甚至对很多交易员来说，似乎谈到风控必言止损。然而，事实上很多所谓的专业投资者，对于止损的意义也仅仅停留在字面的认知，缺乏真正深刻的理解。

既然谈到风控，那么对于风险我们首先要有足够的认识。投资活动中的风险是和收益相伴共生的，是彼此依存的矛盾统一体，离开风险谈收益或者反之，都是没有意义的。本质上，它是我们获得对应收益所面临的潜在亏损或成本，具体表现为标的价格的波动，波动越大则风险越大，潜在的收益也越大。如果价格一直不变，没有任何波动，自然不存在投资风险，当然也意味着我们丧失了潜在收益的可能。

事实上，常态下，任何投资标的的价格形成都是市场化的，也就是说价格的波动是绝对的，这也意味着在投资和金融市场中，风险无时不在，也就是说，只要你有获得收益的动机，风险就无法彻底规避。因此，就有了对风险进行管理的必要，而止损往往是风险管理机制中的最后一道防线，目的是断臂求生，避免出现超出承受能力之外的巨幅亏损。举例来说，一般基金的停损线都是70%，它的合理性在于，如果超过了这个亏损幅度，在接下来的基金存续期内，需要超过50%以上的收益才有可能保住本金，很显然，这种情况下，短时间内回本的概率就相当低了，对于基金管理人和客户来说，都会造成极大的压力。

但无论如何，止损一旦出现，就意味着风险已经被计提为实际的亏损，现实当中，很多投资者会因为频繁的止损操作而损失惨重。虽然理论上大家都明白小赔大赚的道理，但这只是存在于统计学上的意义，对于任何投资者来说，大赚未必出现，但每一笔具体的亏损都会被记录下来，成为资金曲线不可篡改的一部分。

事实上，是否采取止损的方式进行风险控制，和投资模式是息息相关的。价值投资和趋势交易，在对待止损的原则上几乎完全相反。价值投资遵循的原则是小跌小买，大跌大买，而趋势交易更多地通过价差博弈来赚取收益，往往会在价格运行方向和所持头寸相反时触发止损。换句话讲，当股价跌到某个位置的时候，价值投资者和趋势交易者所采取的行动往往是不同的，前者会继续加码，后者则会认亏出局。

这其实也是“投资”和“投机”两种不同策略下不同的行为模式。投资和投机的区别，从所对应的资产也可以直观体现。一般来说，具有投资价值的资产可以被用作投机，但用于投机的资产却并不一定具有投资价值。广义来看，一切可以通过自身创造现金流的资产都具有投资属性，并能够基于现金回报计算其内在的投资价值。企业股权（股票）、债券、固定收益类金融产品、可租赁商业资产、住宅和经营性物业都具有典型的投资属性。然而，类似黄金、外汇、期货及金融衍生品、收藏品、比特币等，我们并不能够通过持有这些资产来获得任何现金收入，而兑现收益的唯一方法，就是通过价差交易来实现，严格来说，这些资产就只具有投机价值，但不具有投资价值。

所以，为什么说价值投资是时间的函数？核心的原因在于，我们所持有的资产随着时间的推移内在价值在不断地增长，或者说资产本身具有时间价值。这种模式下，持有资产本身就是具有正效用的策略选择。如果投资者不是通过持有，而是要纯粹通过交易来获利，那么股票未必是最好的选择，因为很多时候，投资者是处于空仓状态，这就意味往往会错过股票本身的时间价值，大幅提高了踏空成本。事实上，本身不具有投资价值的资产才更适合用来做交易的标的，无论是外汇还是期货，都比股票更加适合做纯粹的交易。

在投机模式下，止损几乎是每一笔交易都需要考虑到的要素之一，具有极其重要的意义。纯粹的投机交易，对于价格的涨跌几乎不做归因分析，完全是建立在胜率和盈亏比之上的博弈游戏。这种情况下，对于投资者而言，时间反而是最大的敌人，持有标的时间越长，风险敞口暴露的时间就越长，只有在平掉所有头寸之后，才意味着风险归零。所以每一笔交易都必须设置有效的退出机制，做对时止盈，做错时也必须止损，只有果断离场，才可以将犯错带来的沉没成本降到最低，避免单笔交易的错误被放大为对整体交易系统的冲击。

另外还有非常重要的一点，为了提高流动性和交易效率，大多数的投机品种都具有杠杆属性，可以显著放大盈利和亏损，这种情况下，止损就变得更加重要。杠杆犹如双刃剑，很多人只看到了它赚钱时的疯狂，却漠视了它亏钱时的凶残，如果没有止损对交易进行保护，任何一次失误都可能让投资者血本无归，爆仓出局。资本市场上的跳楼故事，几乎都是杠杆惹的祸。对于普通投资者来说，投资远离杠杆，犹如人生远离毒品，是实现投资生涯长治久安的根本保障。

事实上，止损只是风控的最后手段，真正占据风控核心地位的要素是仓位。仓位的大小即意味着风险敞口的大小，仓位管理才是投资者进行风险管理最基础的手段。哪怕投资者做错了方向，如果仓位足够轻，交易所造成的损失也是可控的，后续可补救的余地也更大，有更多针对性的策略可以选择。一旦重仓甚至满仓，投资者就等于完全丢失了主动权，让市场捆住了手脚，除了卖出再无选择。所以，日常交易中投资者要有仓位管理的耐心，掌握一定的方法，避免全仓进出的激进风格。

当然，对于价值投资来说，止损也不是没有意义的。价值投资的止损，并不是去图表上寻找各种价格，跌破了就卖出，真正触发止损的原因，是来自基本面的证伪，而非技术面的破位。投资者应该把更多的精力放在对上市公司本身的研究上，如果公司基本面和成长性没有问题，无论价格如何波动，都不应该成为我们抛弃股票的理由，股价的下跌反而给了我们以更低的价格拿到优质资产的良机。相反，如果企业的基本面出现了证伪，那么无论目前价格高低，都应该果断地不再持有。对于价值投资者来说，仅仅根据技术破位来触发止损，一个极其严重的错误在于，将投资决策的核心要素归因于股票价格的变化，而不是基于对股票内在价值的判断。

价值投资的不易，就在于长期持有资产的过程中，总会面临各种各样的考验，并由此带来价格波动的折磨。止损只是风险管理的工具，服务于我们的投资决策，但现实生活中，很多投资者却将止损当成了借口，轻易就放弃了对于价值投资的坚守。每次亏损离场，我们总需要一个说服自己的理由，破位止损是最能麻痹自我意志力的说辞，可以轻而易举地转移掉投资者自身的错误。事实上，犯错并不可怕，可怕的是投资者并没有意识到错误，也就失去了自我反省和进步的可能。

投资决策的负面清单

2020-10-08

在投资活动中，我们需要建立正向的资产筛选体系，也就是建立一整套量化标准来指导和规范我们的投资决策。对于成熟资产来说，成长性、ROE和规模优势是最基础的核心指标，我在之前的文章中已经有过充分说明，这里不再赘述。

事实上，除了正向的筛选指标之外，我们还需要有效的负面清单来规避各种各样的潜在风险。负面清单，是指企业的某些异常特征，这些特征不见得必然导致企业陷入危机，但往往具有极强的警示意义。原则上来说，负面清单具有一票否决的功能，如果所关注的投资标的出现了清单上的状况，无论企业的基本面如何，无论投资者主观上多么偏好这个企业，都要无条件地放弃投资。当然，具体问题有时候也要具体分析，但建立负面清单对于防范风险显然是十分必要的。如果说正向系统是建立我们交易系统的长板，那么负面清单就是在弥补短板。建立符合自我认知和人格特征的负面清单，可以有效避免侥幸带来的投资风险，长期来看，对于投资者具有极其重要的实战意义。

主业占比

受限于资源和精力，一家企业很难在多个业务条线上都取得广泛的成功，能够在主营业务上取得长期的竞争优势，已经是非常了不起的成就。主业占比反映了一个上市公司聚焦于核心业务的状态和能力，主业过于分散的企业，往往会出现业务多而不强的局面。公司越小，越应该将有限的资源和精力投入到核心主业当中去。事实上，多元化经营是企业走向衰败的显著特征，特别是大量非相关业务，会大幅增加企业的资源内耗和管理成本。很少有企业在多元化经营上能够取得绝对意义上的成功，包括当年风光无限的GE（通用电气公司），也最终在多元化的道路上败走麦城。

一般来说，主业收入的占比不能低于全口径收入的50%。需要注意的是，产业链上下游的业务协同，都可以算作主业收入。举例来说，多年来隆基股份的硅片显然是其最核心的光伏业务，但在2016年之后其组件业务也在不断增大产能规模，到目前为止，组件收入已经和硅片收入不相上下。由于组件业务是硅片的下游，隆基并没有偏离自己的光伏主航道，因此我们在衡量其主业收入的时候，显然应该将二者合并计算。

并购陷阱

并购重组是资本市场的核心功能之一，是消除实体经济冗余产能、提升资产效率的有效方式，也是上市公司最常见的资本运作手段之一。然而，在现实的操作中，并购重组往往也意味着企业在未来发展过程中充满了更多的不确定性，投资者并不能简单地认为所有的并购重组必然促进企业未来的良性发展。事实上，由于并购失败而导致企业发展受挫的案例比比皆是。

站在投资者的角度，我们对于并购重组应该关注的核心是，并购背后的实施动机是基于市值管理还是提升产业能力。出于种种目的，上市公司往往会去买入一些与主业无关，但当下却处于风口的资产，这种并购看似“性感”，但对企业长期的竞争优势并无太大帮助，实控人的出发点并不是强化自己的产业能力，反而有快速做大公司市值的投机之嫌，此类并购可谓陷阱重重，投资者在不明就里的情况下，最好敬而远之。相反，如果围绕主业上下游进行的垂直整合，或者是基于提高市占率的横向整合，显然能够更加有效地提升企业的产业竞争能力，长期来看，这类并购重组更加符合企业自身的发展战略，因此值得投资者给予更多的关注。

所有的跨行业并购都存在巨大的风险，隔行如隔山，对于企业经营也是一样的道理。市场上有很多跨行业并购，打着价值整合的旗号，实质上却是在做短期的投机套利，对此投资者一定要多加小心。这种整合方式，本质上是将私有资产公众化，利用不同市场的流动性差异来赚取溢价。

还有一些投资者，对央企的合并重组给予了很大的期待，但事实上，国资委主导下的央企合并是一种非市场化的并购重组，貌似是资本市场上的强强联合，其实是行政干预的结果。这种方式的优点是合并成本低，短期见效快，但长期来看，对于资产效率的提升并没有经过市场化的检验，企业未来的发展还需要更多的时间来观察和验证。举例来说，中国南车和北车的合并当年曾受到市场的广泛关注，但重组之后的中国中车，其表现却并没有达到很多投资者的预期，类似的案例还有中国铝业和鞍钢股份。

补贴占比

很多上市公司作为当地的商业龙头，往往会得到地方政府特别的关注和支持，因此在收入结构中会出现补贴性收入。一般来说，从财务的角度来看，补贴性收入当然是越多越好，对于企业的利润增厚具有积极的作用，但站在商业的角度来看，补贴性收入作为非经常性损益，并不能够有效反映企业在核心业务上的竞争优势，甚至由于非市场化补贴所造成的扭曲，使得企业真正的业务能力存在被粉饰和高估的可能。这两年，新能源汽车行业出现了大量的骗补行为，虽然看起来行业发展得风生水起，但伴随而来的却是遍地扶不起来的垃圾企业。因此，如果一家上市公司的收入中有大比例的补贴性收入，一方面我们要高度警惕其是否具备真正的业务竞争能力，另一方面也要关注其商业动机，是否存在站风口骗补贴的可能。一般来说，补贴占比如果超过20%，就需要引起投资者的足够重视，如果超过50%，那么基本上可以直接放弃投资了。

有无实际控制人

对于一家企业来说，实际控制人（简称实控人）的存在显然具有举足轻重的作用，企业未来的发展，很大程度上取决于实控人的野心和能力。如果企业没有实控人，不能武断地说一定就发展得不好，但由于缺乏企业家精神的人格驱动，即使当下的存量业务状况不错，未来大概率也会走向平庸。一般来说，无实控人的上市公司，往往是由经营团队掌控话语权，极易导致内部人控制。对于一个公众公司来说，这种状况下，小股东的利益天然缺乏有效保障，所以对于一家没有实控人的上市公司，最好不要去轻易投资。

需要注意的是，股权比例和实际控制不具有必然的关系，很多企业的创始人，在历史沿革中股权比例往往会被充分稀释，但这并不意味着其丧失了企业实际控制人的角色。理论上来说，无论股权比例如何，只要能够控制公司的董事会，就是企业的实际控制人。很多互联网公司往往具有这个特点，我们可以看出来，马云虽然退休了，但对于阿里巴巴来说，其老大的地位仍然无可替代。

实控人的股权比例也需要投资者给予足够的关注。实控人股权比例过低，会造成企业内部沟通成本过高、战略实施不畅等问题。当年格力投资银隆被小股东否决，从董明珠的现场失态可以看出，哪怕实控人再强势，如果股权比例过低，也有可能在公司的内部博弈中无法达成自己的战略意图。一般来说，兼顾股东权益和企业效率，实控人的持股比例原则上不应低于30%。普遍来看，中国的民营企业在上市之前几乎都是家族企业，原始股权比例很高，即使上市后被稀释，也不太会影响到自身的实控人地位。

商誉资产

在企业的并购重组中，由于标的的公允价值一般会大幅高于其账面价值，所以经常会形成数额较大的商誉资产。由于目前我国的会计处理准则并不要求对商誉进行摊销，这就意味着，商誉会长期存在于企业的资产负债表中，一旦被并购资产未能达到业绩预期，就意味着商誉面临大幅减值的风险，商誉越大，意味着未来的减值风险也越大。

如果单项并购所构成的商誉资产与企业年利润的比值过高，就意味着一旦资产不及预期，企业当期的利润就会出现大幅度的减值修正，并往往导致股价出现短期的剧烈波动。一般来说，商誉资产超过年净利润水平的30%，投资者就需要对被并购标的进行实时跟踪，防止出现可能的减值风险。

一般来说，由于商誉资产来自企业进行外部扩张过程中带来的资产膨胀，并不涉及其内生性业务的价值变化，因此一旦减值计提完成，往往意味着“靴子落地”，相关风险得到了充分释放，如果企业自身的业务没有什么问题，股价的下跌也只是暂时的短期调整，市场最终会回归到对企业合理估值的水平。

商誉资产的减值属于不必然发生的或有风险，如果被并购资产表现符合甚至超出预期，那么投资者也不必对此过于担心。多年来，爱尔眼科的商誉资产占净资产的比例甚至高达40%，但由于所置入资产表现优异，因此股价也一直都维持着长期的上涨态势。

经营性现金流

通常情况下，投资者最关注的财务指标是净利润，特别是利润规模，往往成为投资者判断企业优劣的核心指标，但其实，利润的构成形式比利润规模更能够反映企业的健康状况。很多上市公司貌似利润可观，账上却趴着大量的应收账款，辛苦忙活一年，挣来的都是一堆白条，甚至连维持公司正常运转的日常开支都捉襟见肘。站在企业的角度来说，利润是给外人看的，现金流才是实实在在揣进自己兜里的。

现金流之于企业的重要如同血液之于人体，再强大的公司，一旦遭遇流动性危机，最终都可能酿成灭顶之灾。现金流量表中，最能够代表企业造血能力的项目是经营性现金流。经营性现金流指的是企业从经营活动中获取的利润，除去与长期投资有关的成本以及证券投资后剩余的现金流量，它描述的是企业纯粹依靠实体业务赚取现金流的能力。经营性现金流占净利润的比例越高，表明企业应收账期越短，对上下游的议价能力越强。

更有说明意义的是企业的自由现金流，也就是在经营现金流基础上扣除必要的资本支出后剩余的现金流量，可以理解为企业在满足扩大再生产的必要投资之后还能够获得的剩余现金流。自由现金流多，显然可供企业支配的余地就要大很多，可以供股东进行分配，也可以结转为盈余公积，自由现金流越多，意味着企业造血机制越强，抵御流动性风险的能力越强。

当然，企业的现金流也不是越多越好，还要和自身的业务能力相匹配。如果企业未来业务扩张的规模跟不上现金积累的速度，表明企业的产出效率可能已经接近饱和，这时候对于股东来说，现金分红可能是更好的选择。一般来说，处于高速发展期的公司往往处于资金饥渴的状态，所以适度的负债有助于企业价值增长的最大化，这种情况下，只要公司的经营现金流能够为正，业务端保持产销两旺，企业就处于良性的发展状态，投资者没必要为了苛求分红而要求公司保持过高的经营性现金流。

政府采购占比

在很多投资者看来，如果一家企业的产品或服务能够进入政府的采购目录，说明企业的产品和能力可以值得信赖，企业也具有较高的投资价值。但事实上，如果一家市场化经营的企业，其业务收入主要来自政府，反而意味着未来的发展面临更多的不确定性。

首先，政府的认可并不代表市场的认可。由于政府的决策机制是非市场化的，对于产品和服务的评价机制也会因此受到扭曲，地方政府一旦换届，往往意味着某个产品生命周期的终结，而企业如果把宝都押在政府身上，也同样面临着单一客户的巨大风险。

其次，政府作为商业上的交易对手，往往决策流程较为复杂，导致账期很长，而且很多政府主导的业务还存在需要乙方大幅垫资的状况，这就会使得企业在业务期内的现金流吃紧，面临较大的流动性风险。类似东方园林和蒙草生态这样的企业，虽然账面利润可观，但由于大量的业务订单来自各地政府，导致经营性现金流出现了严重恶化，最终陷入了流动性危机。

一般来说，如果一家上市公司的收入中政府采购占比超过了50%，就说明企业未来面临着较大的非市场化风险，投资者要对此保持高度的警惕。

大股东质押比例

近年来，由于投行的大面积介入，使得上市公司实控人对杠杆的使用十分普遍，通过股票质押来进行融资，在体外孵化资产，后续再通过上市公司实现退出，达到产业发展和市值管理的双重目的。但这一逻辑成立的前提是市场本身处于上行或扩张周期，一旦趋势逆转，高杠杆会给实控人造成巨大的财务压力，企业甚至会面临易主的风险。

另外，过高的质押比例会分散实控人的业务聚焦和战略实施能力。由于大部分股份都被押了出去，实控人对于股价下跌的容忍度会大幅降低，往往会导致在主业上的分心，并激发市值管理的冲动，追求短期业绩，从而影响到企业长期战略目标的实施。所以，在考察上市公司的资本运作时，要特别关注实控人的股票质押比例，如果质押比例超过70%，投资者就要高度警惕潜在的风险。

以上的负面清单是个人过往投资实践的总结，目的只是做个示范，并不构成严格的投资限制。投资者可以根据自身的实际情况建立相应的清单选项，并在后续的自我实践中进行补充完善。一份经过实战检验的负面清单，会让我们的投资决策体系更加全面，可以大幅减少错误出现的风险。

Part 2

宏观经济和热点分析

中国宏观经济面临的风险

2018–10–18

自改革开放以来，中国经济实现了长达40年的高速成长，由一个20世纪的第三世界贫困国家发展成为目前世界上仅次于美国的第二大经济体，创造了人类历史上最大的经济发展奇迹。但在经过长期高速增长之后，中国经济未来发展的不确定性也在逐渐增大，面临着越来越高的下行风险。下面我们从短、中、长期三个维度来进行分析。

短期：债务风险

2017年各国非金融部门负债占GDP比重见图2–1。

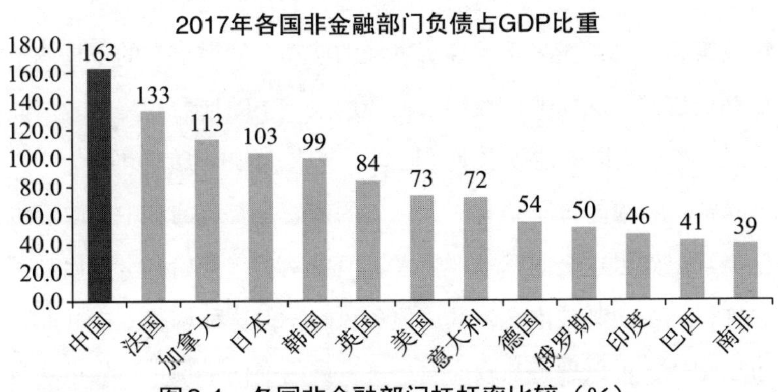

图2-1 各国非金融部门杠杆率比较（%）

数据来源：BIS，安信证券。

目前，中国的债务占GDP的比重已经达到了很高的水平。根据国际清算银行的数据，到2017年年中，中国全口径债务已达到GDP的256%，这不仅超过了新兴市场国家190%的整体水平，也超过了美国250%的水平。这意味着我们单位GDP产出所动用的金融杠杆相较全世界范围来看已经远远超出正常范围，也意味着我们实体经济增长的效率越来越低，通过扩大债务规模来刺激经济发展的边际效用在大幅下降。

事实上，人类历史上所有的金融危机本质都是由债务危机引起的。当经济处于景气周期时，企业通过不断放大债务杠杆来扩大生产规模，增大企业利润，但当实体经济产出的边际增长不足以覆盖债务带来的财务成本时，市场的调节机制将会发挥作用，实现自发的去杠杆化，降低债务规模，并由此导致经济陷入萎缩，倒逼低效率的产出被出清，从而完成优胜劣汰。由此可见，在正常的市场机制下，衰退也是经济健康发展必不可少的一部分。但由于过去几十年中国政府对于经济增长的片面追求，不断通过货币政策和金融手段来干预经济发展的波动，使得正常的市场调节机制被扭曲，从而使得经济衰退的风险被不断推后和累积，由此造成了目前中国的债务水平远远高于全球其他国家的局面。

寅吃卯粮的日子是有头的，欠的债总是要还的。中国政府也已经意识到了这个问题的严重性，所以从去年开始，全面启动了去杠杆，主动刺破泡沫，释放债务风险。但这种调整方式并非是市场化的，可以理解为政府对经济发展的逆向干预，与靠市场自身的去杠杆完全不同。这就如同让高速行驶的汽车通过自然的能耗降速和踩急刹车降速的区别，前者虽然时间长见效慢，但更加平稳安全，而后者虽然立竿见影，却要冒翻车的风险。

所以，短期来看，在3~5年的时间窗口，中国经济正在面临去杠杆的阵痛期，如果不能够有效降低债务，提高产出效率（做小分子，做大分母），目前的债务风险就有传导演化为金融危机的可能。这也是为什么党的十九大以来，中国政府要严防死守，将确保不出现系统性金融风险作为头等要务。

中期：工业化风险

工业化，主要是指工业在一国经济中的比重不断提高以至取代农业，成为经济主体的过程。按照目前西方工业化国家的标准，从事农业生产的人口比例在10%左右，按照此标准，中国的工业化进程还远远没有完成。

工业化不同阶段的标志值见表2-1。

表2-1

工业化不同阶段的标志值

基本指标	前工业化阶段（1）	工业化实现阶段			后工业化阶段（5）
		工业化初期（2）	工业化中期（3）	工业化后期（4）	
人均GDP 2005年美元（PPP）	745~1490	1490~2980	2980~5960	5960~11170	11170以上

续表

基本指标	前工业化阶段（1）	工业化实现阶段			后工业化阶段（5）
		工业化初期（2）	工业化中期（3）	工业化后期（4）	
三次产业产值结构（产业结构）	A>I	A>20%，且 A<I	A<20%，I>S	A<10%，I>S	A<10%，I<S
第一产业就业人员占比（就业结构）	60% 以上	45%~60%	30%~45%	10%~30%	10% 以下
人口城市化率（空间结构）	30% 以下	30%~50%	50%~60%	60%~75%	75% 以上

注：A代表第一产业，I代表第二产业，S代表第三产业。PPP表示购买力平价。

资料来源：陈佳贵，黄群慧，钟宏武，等.中国工业化进程报告［M］.北京：中国社会科学出版社，2007.

中国经济的增长，很大一部分来自过去几十年来产出能力的提升，这种提升建立在全球价值链分工中中国所具有的比较优势之上。由于我国人口众多，幅员辽阔，历史上又积贫积弱，所以天然在加工制造环节相较于其他国家更有成本优势。而且随着我们产出能力的提升，规模效应越来越突出，对全球其他国家形成了更强的挤出效应。

令人遗憾的是，整体来看，这些年中国的工业化进程虽然取得了长足的进步，门类较为齐全，体系较为完整，却在众多细分领域中无法实现产业升级，创新滞后，一直以来，我们都处于全球价值链切分中的下游环节，工业附加值整体偏低。以苹果手机为例，虽然名义上为中国制造，但我们只获得了总利润当中2%的份额，说白了，中国制造一直在为全世界的产业链打工。

随着这些年来我们资产价格的逐步走高，使得过去中国制造业所具有的土地、劳动力等要素的成本优势在逐步丧失，而在此过程中，我们的工业体系并没有实现由大到强的实质性转变。目前中美贸易战以及由此引发的世界范围内对中国的无端敌意，更是有可能对我们的工业化进程造成严重的挫折，并由此导致中国掉入中等收入国家陷阱。

从微观层面来审视该风险，最行之有效的规避方法就是由技术进步来带动产业升级。在中国，民营企业由于不具有资源和垄断优势，所以一直都是最具创新动力和创新实践的主体，只有不断让民营企业成为工业化的主力，中国工业化才有希望取得质的突破。

如果我们不能有效改变目前二元制的经济结构，给予民营企业和外资企业与国有企业相同的国民待遇，不仅在内部存在工业化的升级障碍，未来在全球制造业的竞争中，中国也将会遭遇更多的抵触，面临更大的外部困难。中期来看，未来的5~10年，中国经济将进入换挡升级的关键时期，只有不断提高中国制造业在全球产业链中的竞争优势，才能有效避免工业化倒退的潜在风险。

长期：劳动力风险

一个国家的供给和需求总量，本质上是由人口的规模和质量决定的。从全球范围来看，人口大国未必是经济大国，但经济大国一定是人口大国，我们从GDP排名TOP10的国家可以看出，其人口规模的排名在全世界基本上也是名列前茅的（见表2–2、表2–3）。

表2–2
全球GDP国家排名（2017）

排名	国家名称	GDP总量（亿美元）	所在地区
1	美国	193621	美洲
2	中国	122428	亚洲
3	日本	48845	亚洲
4	德国	36519	欧洲
5	法国	25748	欧洲
6	英国	25651	欧洲
7	印度	24390	亚洲
8	巴西	20809	美洲
9	意大利	19211	欧洲
10	加拿大	16404	美洲

数据来源：世界银行。

表2–3
全球人口数量国家排名（2017）

排名	国家	人口数量	占世界比例
1	中国	1405372834	18.82%
2	印度	1304200000	17.86%
3	美国	322760000	4.42%
4	印尼	257740000	3.53%
5	巴西	205290000	2.81%
6	巴基斯坦	192400000	2.64%
7	尼日利亚	182310000	2.50%
8	孟加拉国	164620000	2.25%
9	俄罗斯	146350000	2%
10	日本	126820000	1.73%
11	墨西哥	126270000	1.73%
12	埃塞俄比亚	104030000	1.42%
13	菲律宾	102410000	1.40%
14	越南	92658000	1.27%
15	埃及	90155000	1.23%
16	德国	79758000	1.09%
17	伊朗	78920000	1.08%
18	土耳其	77720000	1.06%
19	刚果（金）	72853000	1%
20	泰国	68311000	0.94%
21	法国	67019000	0.92%
22	英国	65040000	0.89%

续表

排名	国家	人口数量	占世界比例
23	意大利	60547000	0.83%
24	南非	55281000	0.76%

数据来源：世界银行。

中国经济崛起的过程，也是人口红利不断兑现的过程。改革开放之前，在全世界范围来看，我们的人口结构是最具有竞争力的，众多的青壮年人口，为制造业的快速发展提供了大量低成本的劳动力。但随着中国人口计划生育政策在20世纪80年代开始实施，导致中国的人口结构从此开始了巨大的改变，人口出生的绝对规模和生育意愿都在不断走低，每年出生人口由最高峰的2528万（1987年），掉到了谷底的不足1600万（2010年）。

虽然全面二孩政策已经开始实施，但随着抚育成本的提高，生活理念的改变，中国人的生育水平短期看难有起色。目前，我们的生育率只有惊人的1.55，在全球233个国家中排在185位。

人口结构变化带来最直接的两个后果，一是有效劳动力的不足，二是人口社会抚养成本的增加。劳动力不足会导致成本上升，对中国制造业的产出能力造成显著的负面影响，这种影响已经在实实在在发生，2008年以来珠三角地区大面积的用工荒标志着中国的刘易斯拐点已经来临。而抚养成本的增加，会导致社保和养老缺口越来越大，中国不得不在未完成工业化的情况下就提前进入未富先衰的老龄化社会，这将是中国未来长期发展过程中面临的极其巨大的潜在风险。

由于人口政策的实施和效果显现需要极其漫长的周期，要付出一代人甚至几代人的时间，这也意味着，在未来的10~20年里，我们都无法摆脱中国人口结构在全球范围内失去竞争优势的风险。目前看来，中国一方面要更加强化鼓励生育的政策，另一方面，要不断完善国民的社会保障机制，优化医疗、教育、公共事业等社会资源的分配，消除生育顾虑，提高生育意愿，而这些，绝非一朝一夕之功。

中国经济的未来之路，虽然崛起之势已不可阻挡，但仍然充满风险与挑战，从政府到企业，都应时时保持如履薄冰之心。

国际货币体系与人民币国际化[①]

2020-08-01

随着中美博弈走向全面和深入，双方的对抗已经从贸易领域逐步蔓延到科技领域，而金融领域，将会是必然的下一个战场。作为新兴大国的主权货币，人民币在全球贸易中的地位有了极大的提高，但相较于过去几十年来所形成的美元霸权，人民币目前的弱势一览无遗。美国控制着全球的通货发行和最大的美元结算体系，当年为了制裁伊朗，将其踢出了SWIFT（Society for Worldwide Interbank Financial Telecommunications，国际金融电讯协会）系统，导致伊朗的对外贸易几乎归零，可见美元霸权的杀伤力是多么惊人。知己知彼，百战不殆，回顾过去300年国际货币体系的发展历史，能够给人民币国际化的未来提供重要的启示，也能够让我们对中美金融战的未来推演保持更加清醒的认识。

① 文中部分数据引自中央电视台纪录片《货币战争》。

黄金的价值

货币和经济的发展是相辅相成的，或者可以说，货币的演进史就是全球经济的发展史。自从人类社会进入以交换为特征的商品经济时代，货币就在我们的日常生活中开始出现并扮演着越来越重要的角色。

生产方式决定了经济发展，当自给型的私人劳动转变为交换型的社会化生产之后，经济就开始进入了一个全新的发展时期。当社会被互相依赖的群体性生产方式裹挟为一个整体之后，个人的存在就主要依赖于其所处的生产关系。一个人可以不会做饭，不会织布，不会耕田，但只要他掌握了一门可以为别人服务的劳动技能，他就可以通过社会交换来获得他所需要的任何商品。这就是商品经济带给我们个人的好处。社会分工的细化反过来又促进了经济的更深层次发展，于是我们看到了市场的欣欣向荣，人民的安居乐业。而实现这一切的流通媒介就是货币，货币在生产活动中充当了一般等价物的角色，将人类所创造的价值通过一元化的方式进行量化，使得不同的商品之间有了比较和交换的可能。

世界各地的商品交换方式都经历了两个阶段，由物物的直接交换过渡到通过媒介的交换，在古埃及的壁画中就可以看到用瓦罐换鱼、用葱换扇子的。在交换不断发展的过程中，出于方便和提高效率的考虑，出现了一般的交换媒介。而能够充当交换媒介的，一定是能够被大家广泛认可的、具有恒久价值的物品。历史上，牲畜、贝壳、珠玉、布匹等都曾经充当过一般的交换媒介，这些都曾经是货币的雏形。经过长期的发展，世界各地的人们逐渐意识到，要能够充当一般的等价物，这种物品一定要具有以下一些特点：高稀缺、高价值、难损毁、易储藏、易分割。而金银天然具有上述这些特点，于是世界各地的人们不约而同地将金银作为了货币的首选材质。所以马克思对此有著名的总结：货币天然不是金银，而金银天然是货币。

从此，黄金登上了历史舞台。黄金的价值并不仅仅体现在它作为贵金属所具有的一般商品价值，同时还体现在它作为货币所具有的通货价值。这样的双重身份决定了黄金在人类历史发展过程中所具有的无与伦比的地位。尽管随着金本位制度的解体，黄金的通货功能逐渐被弱化，但它仍然具有较之一般货币更强的储备功能。

全世界目前开采出来的黄金总量在14万吨左右，用于通货的黄金大概在5万吨，被各国政府和央行所持有。官方持有黄金，主要出于以下几个方面的考虑：

经济安全：由于黄金天然具有的匀质性、不可损毁性以及世界各国公认的财富储备价值，使人们常常将黄金作为一种理想的价值储藏形式。黄金作为央行的一种储备形式，较之于外币资产来讲具有更为安全的特性。当持有的外币资产大幅贬值的时候，黄金的硬通性保证了政府资产组合的安全系数。

自然安全：一些国家在遭受国际经济制裁的时候，所持有的外币资产有可能被冻结，但如果持有的是黄金，则天然具有规避这种风险的作用。

不测之需：未来不可预知，恶性通胀、战争爆发等危机使得黄金成了抵御未来不测的法宝。

信用基础：黄金是一种不可摧毁的财富，国家货币的发行必须有必要的黄金储备作为信用保障。

资产组合多样化工具：由于黄金同时具有与其他资产的低相关性，因此经常被用来构建资产组合。包含黄金的资产组合是一种可以有效降低风险、实现稳定收益的资产组合。

进入现代社会，黄金虽然不再具有通货功能，但其保值功能仍然得到了全世界的认可，目前黄金的价格已经接近历史高位，超过了每盎司1900美元。从投资的角度来看，虽然黄金本身并不能够带来任何现金流收入，甚至投资实物金还存在库存成本，但黄金未来的价格仍然值得看高一线。

驱动黄金上涨的因素主要有两个，一个是避险情绪，一个是信用货币的超发。随着中美这两个世界上最大的经济体步入全面对抗和竞争的历史时期，全球地缘政治的博弈和动荡愈加激烈，这也给世界经济的未来发展带来了巨大的不确定性，因此，在未来很长一段时间里，避险情绪都将对市场的投资偏好产生巨大的影响，催生黄金需求。而另一方面，由于新冠肺炎疫情的全球肆虐，使得全世界的央行都在跑步开启大放水模式，截至2020年8月，美国为了对抗疫情引起的经济衰退，今年已经超发了3万亿美元的增量货币，欧盟也亦步亦趋，跟随进入了量化宽松的新周期。因此，在以上两大因素的共振推动下，黄金价格必然大幅走高，创出历史新高仅仅是个时间问题。

英镑的统治

17世纪以前，由于交通不便，世界各地的人们往往偏安一隅，仅仅在自身物理条件能够到达到的范围内活动，大的地域之间几乎没有任何经济往来。然而不论在欧洲、美洲还是亚洲，对于金银的认可已经是所有人的共识。随着西欧国家的崛起，以麦哲伦和哥伦布发现新大陆为标志的大航海时代拉开了序幕，世界各地从此在空间上拉近了彼此的距离，经济往来广泛地出现在跨国跨洲跨洋之间，人们迫切地需要有可以在更大的范围内自由流通和结算的国际货币来满足日益增长的贸易需求，于是对于黄金的追逐成为全世界的潮流。

随着17世纪第一次工业革命的兴起，英国开始作为世界霸主登上了历史舞台。历史给了英国一个机会，而英国也没有浪费掉这次机会。英镑早在1717年就在国内确立了金本位制的货币体系，这使得英镑在当时成为少数可以和黄金具有同等价值的货币。1816年，英国通过了《金本位制度法案》，从法律的形式承认了黄金作为货币的本位来发行纸币。金本位制，就是以黄金作为本位币的货币制度，在该制度下，各国政府以法律形式规定货币的含金量。

在金本位制下，一种主权货币要想成为国际货币，必须满足一定的客观条件：允许自由铸造、自由兑换及黄金自由输出和输入；公民可以将持有的纸币按照货币含金量兑换为金币；各国之间不同的金铸币按各自含金量形成固定比较，建立比较稳定的国际货币联系，并允许黄金在国际间自由流动。

所以英镑要想成为国际货币，单单在国内建立了金本位制度是远远不够的。随着英国在国际竞争中先后击败葡萄牙、西班牙、荷兰等老牌强国，世界霸主的地位得以确立。倚仗自身的综合实力，英国在全球积极推广自由贸易，最终使得英镑在全球确立了国际货币的地位，也使得全球货币体系进入了真正的金本位时代。英镑成了当时全球最硬的货币，拥有英镑不仅仅是财富的象征，更是身份的象征。

从历史上看，金本位制对于各国商品经济的发展以及世界市场的统一都起到了重大的推动作用，其稳定的货币自动调节机制无疑是高效率的。但随着世界经济的不断发展，全球各个利益集团之间的矛盾越来越深化。在英镑主宰全球货币体系100年之后，随着1914年第一次世界大战的爆发，英镑在全球的货币统治地位开始受到严重的挑战。一战造成了英国国力的明显削弱，从战前的债权国变成了战后的债务国，而由于战争造成的黄金挤兑，导致全球各个国家对于黄金输入输出的限制，事实上使得金本位失去了存在的基本条件。而金本位制度的瓦解最终使得英镑彻底失去了国际货币霸主的地位。

美元的崛起

如果说在英镑之后有谁能够取而代之成为下一个国际货币的

话，非美元莫属。美国在两次世界大战中不仅没有受到大的冲击，反而大发战争横财，在短短30年间积累了大量的财富，国力也得到了显著的提高，这在基本面上为美元走向世界提供了充分的保障。二战之后，美国的国内生产总值占全球当时生产总值的48%左右，贸易量占了全球贸易总额的三分之一左右。1859年至1918年，美国工业总产值从不到20亿美元上升到840亿美元，黄金储备从占全球储备总量的17%上升到59%，贸易量则从4%上升到39.2%。随着贸易量的大幅增加，美元取代英镑，成了当时使用量最大的国际货币。在那一时期，手握美元是一件时髦而且实惠的事情。

而另外一个使得美元开始主宰全球经济的标志性事件就是美联储的诞生。1913年，美联储成立，作为美国的中央银行，它拥有决定美元发行的权利。事实上，美联储成了当时乃至现在世界上最大的中央银行，这为美元成为世界货币提供了非常重要的必要条件。

美联储事实上是一个股份公司，其股东是12家联邦储备银行，主要由联邦储备委员会、联邦储备银行及联邦公开市场委员会等三部分组成。从股东构成我们可以看出，美联储其实是一个非国有的机构。很多人对于美联储是私人机构感到震惊，甚至难以理解，这其实就是不同的文化和历史背景造成的认知偏差。西方的市场经济，从最初的发展来讲，崇尚的是完全的自由主义，或者说，市场经济的基础就在于承认私有制的合法和私有财产的不可侵犯。一切经济活动离开了私有制的前提将不再具有天然的理性和逻辑，甚至会上升到意识形态的广泛争论。所以，在西方国家，对于一切具有中央集权性质的机构都存在传统的敌视，这也就不难理解美联储为什么会是一个私人机构了。

在美国的强势主导下，通过战后的马歇尔计划，帮助欧洲经济迅速恢复，美元也长驱直入，成了事实上全球的第一硬通货。而1944年布雷顿森林会议的召开则是正式确立美元成为新的国际货币霸主的标志性事件。在布雷顿森林会议上，规定了美元和黄金的固定汇率，各国的货币再和美元挂钩，世界金融和货币体系再次回到了金本位制度的框架之内。

但是美国是一个如此与众不同的国家，传统的金本位制度注定会遭遇到更大的挑战。美国由于多年远离战争，人民安居乐业，消费信心是世界上任何国家都不能与之相比的，这在某种程度上也促进了美国经济的飞速发展。为了消化生产力提高之后供给的快速增长，美国的金融机构开始在需求端挖空心思地刺激消费，于是信用开始被广泛地创造和使用，大量的消费贷款进入了商品市场，由此也引领世界经济从此进入了信用经济的时代。

美国人开始享受拥有全球货币带来的实惠。由于金融机构的推波助澜，美国人的胃口变得越来越大，全世界都在为美国提供着他们可以想象到的任何商品和服务。庞大的信用消费使得美国从此走上了双赤字的不归路，美元像洪水一样涌入世界市场，向全球输出的通货膨胀导致美元的贬值压力越来越大，这对布雷顿森林体系提出了严峻的挑战。而20世纪60年代的越南战争，对于美元来说则是雪上加霜，为了应对巨额的战争开销，美国政府背上了庞大的债务负担。

1968年，世界黄金市场出现了剧烈的波动，出于对经济前景的担忧，欧洲各国的避险情绪高涨，出现了大量的黄金挤兑。这让美国政府感到了空前的压力，金库的持续缩水使得美国有可能陷入破产的危机。于是美国人开始主动放弃布雷顿森林体系，单方面宣布美元和黄金脱钩，美元将不能在美国实现与黄金的自由兑换。

这一段历史后来经常被人津津乐道，成为嘲笑和丑化美国的重要借口。当年法国总统戴高乐对美国的不负责任破口大骂：美元就是强盗！尼克松总统则脸不红心不跳地回应道：美元是我们的货币，你们的问题！

为了挽救美元的霸主地位，避免美元的信用崩溃，美国进行了另一个重要的战略布局，将全球石油的结算强制与美元进行了绑定。20世纪70年代，美国以为沙特阿拉伯提供安全保护为条件，在全球推行石油美元体系，将美元作为石油国际贸易唯一的结算货币，这使得世界上最大最重要的工业原料被强行拉上了美元的战车，巩固了美元在全球的霸权地位。

随着布雷顿森林体系的瓦解，世界经济彻底进入了信用货币的时代。50年间，一盎司黄金的价格从35美元大幅度上涨到近2000美元，意味着美元的大幅贬值。从20世纪80年代开始，由于美国金融市场的发展，不断增长的金融衍生品交易使得虚拟经济出现泡沫式增长。由于没有了黄金这个天然的通货限制，美元的发行变得越来越没有节制。目前信用货币口径下的人类总财富超过300万亿美元，而2000年时只有80万亿美元，也就是说，当下的全球财富，超过70%都是近二十年来由于信用货币的泛滥制造的。

进入21世纪，美元面临的挑战越来越大。庞大的战争支出和虚火旺盛的美国经济给美元带来了无法回避的压力。2008年，在次贷危机的刺激下，美国的金融危机不期而至，信用泡沫一夜崩塌，美国乃至全球的金融市场都迎来了自布雷顿森林体系解体之后最大规模的一次总清算。

为应对金融危机，美联储启动了史上最大规模的量化宽松政策来救市，而这种饮鸩止渴的方式如同吸毒，一旦上瘾就再也回不去了。2008年之后，美国国债的规模迅速飙升，而且还在以加速的方式不断扩大，目前的规模已经突破23万亿美元，比1980年增长了8倍。特别是2020年，突如其来的新冠肺炎疫情让美国经济迅速哑火，而为了刺激经济复苏，联储无节制的美元超发几乎将美元信用推到了失控的边缘，美元离负利率时代仅有一步之遥。

长期来看，美国经济的衰退和美元大规模的超发构成了一对不可调和的矛盾，成为威胁美元霸权最重要的隐患。美元的大规模泛滥注定了美元的霸主地位总有坍塌的一天，由此人们对于美元这种单一主权货币所构建的全球货币体系的稳定性也提出了更多的质疑，特别是对于主权货币成为国际货币所要面临的特里芬难题，许多经济学家给出了无解的回答。这让全球的人们开始思考：我们到底需要一种什么样的货币体系才是安全和富有效率的？对于这个问题，欧洲早在20世纪70年代就开始尝试解决，而在1999年，一种超主权的区域性货币诞生，欧元开始正式登上了历史舞台。

欧元的挑战

欧洲大陆有着悠久的历史，希腊文明的一脉相承造就了古代西方文明的鼎盛和繁荣，而自从文艺复兴之后，作为现代西方文明的发祥地，欧洲一直没有离开过世界舞台的中心。欧洲的统一其实是所有欧洲人的梦想，但这个梦想从古至今都没有能够真正实现，而且在能够看得见的将来，似乎也不可能完成。但是欧洲毕竟是一块充满理性的大陆，被人类文明史上最出色的艺术、哲学、自然科学熏陶出来的欧洲人，天生富有创造和革新的能量。

欧元这个超主权货币能够诞生在欧洲其实有着历史的必然。我们来回顾一下欧元的发展历程，从中感受一下伴随着欧元这样一种人类历史上革命性货币的诞生，期间所反映出的内在动机。

二战之后，欧洲大陆满目萧条，而此时的美国，却在战争中获得了巨大的利益。出于维护美国在欧洲利益的考虑和全球霸权的战略实施，当时的美国总统马歇尔提出了一个复兴欧洲的一揽子方案，这就是后来被人经常提及的著名的“马歇尔计划”。通过马歇尔计划的实施，大量的美元被输送到欧洲帮助恢复经济，到1950年，西欧各国生产已经达到了战前水平，几个重要的工业国英国、法国、意大利的经济都出现了显著增长，特别是西德，到1952年，其工业增长率比战前翻了一番还多。

美元事实上成了欧洲国家的第一储备货币，虽然德国马克在欧洲也越来越被广泛地接受，但相较于美元，影响力不可同日而语。大量的美元储备给欧洲带来的汇率风险是不可回避的。由于越战引发美国货币的超额发行，导致美元在20世纪60年代大幅贬值，而美国单方面废除布雷顿森林体系，更是让欧洲人感到了不安和愤怒。

和平带来的繁荣促使欧洲人都在反思，未来的欧洲只有走联合之路才能够再次崛起，从而对抗强大的美国，脱离美元的掣肘。于是在1965年4月8日，法国、联邦德国、意大利、比利时、荷兰和卢森堡六国签订了《布鲁塞尔条约》，决定建立欧洲共同体。欧共体的建立，使成员国实现了“自由贸易区”的设想，从而促进各参加国的经济发展，同时，欧共体成立时还许下了建立单一的共同货币的愿望，以反抗美元霸权。

欧共体的成立标志着欧洲货币体系的统一将可以期待。这时候不得不提到一位对于欧洲货币统一进程非常重要的人物——罗伯特·蒙代尔。他在60年代提出的最优货币区理论成为欧元诞生的理论基础，被冠以“欧元之父”的称号，而他的研究成果也帮助他获得了30年后的诺贝尔经济学奖。

在蒙代尔的游说下，各国都开始从操作层面思考欧洲货币统一的具体问题。但毕竟这是一个涉及各个国家核心利益的超主权问题，欧洲国家各怀心事，在政治层面难以达成共识。特别是当时的德国，由于本身经济实力在欧洲首屈一指，德国马克成为欧洲事实上的硬通货，当然不愿意将马克的地位拱手相让。然而历史还是跨过了这样一道障碍。由于德国当时面临着东西德统一的问题，在和各国的讨价还价中，最终在欧洲货币统一的问题上妥协，以换取德国的统一。

1991年，欧共体十二国首脑签订了欧洲货币联盟的纲领性文件——《马斯特里赫特条约》，同时欧盟宣告成立，这为欧元诞生扫清了最后的政治障碍。

1999年，欧元终于登上了历史舞台。虽然从一开始欧元就饱受质疑，但其成长的脚步却不可阻挡。事实上，在经过20年的发展之后，欧元已经成了世界上第二大的国际储备货币。

欧洲各国能够摒弃政治的樊篱，在货币层面取得统一，这在人类历史上来说是一个了不起的奇迹。从古至今，没有任何一个国家政体愿意放弃通货发行带来的巨大利益，因为对于货币发行的控制体现了绝对的国家意志。然而欧元的诞生对传统观念提出了有力的挑战，超主权货币从学术探讨演变成了现实。但正因为欧元是新生事物，它所面临的难题也是前所未有的，甚至在传统理论中被认为是无法解决的。

2008年的金融危机对欧元构成了前所未有的挑战。由于欧元区只有中央银行，没有中央政府，所以对于主权国家来说可以轻松实现的货币和财政政策的协调运作在欧元上却成了几乎不可能完成的任务。虽然欧洲央行可以推行独立的货币政策，统一调整欧元的基准利率，但是各国的财政措施却不受欧洲央行的控制，所以在面临危机的时候，欧洲各国就不可能像美国一样作为一个经济整体来迅速应对。2008年以来，美国推出了若干救市政策，特别是奥巴马政府上台后，大量的经济刺激方案被推行，国家通过财政手段在宏观层面保证经济的稳定。但是欧洲一直无法在这一点上达成共识并统一行动，最终导致欧盟的经济发展陷入了长达十年的停滞，希腊、意大利、葡萄牙等国债务危机频发，拖累欧盟在全球竞争中落入下风，这也可以体现出欧元作为超主权货币所不可避免的先天缺陷。

但无论如何，欧元的地位已经被全世界广泛承认，这对美元的一股独大构成了巨大的挑战，以至于引起了美国强烈的危机意识，不断给欧洲制造地缘政治冲突以打压欧元的崛起。

欧元作为超主权货币的出现，为世界货币体系的多元化发展提供了一个极其重要的启示和范本，以至于在2008年之后，随着网络和信息技术的发展，以比特币为代表的数字货币开始粉墨登场，出现在了人类货币史的舞台。理论上说，数字货币几乎具有和黄金相同的通货属性，但相较于黄金，却更加安全和便利，能够更加高效地在世界范围内达成信用共识，具备成为全球化通货的巨大潜力。但目前来看，数字货币的发展仍然处于起步阶段，缺乏主流社会的认知和广泛的应用场景，难以在短期内颠覆传统的国际货币体系。

日元的成长

随着欧元的横空出世，另一个历史上曾经在国际上具有较高地位的货币日元却日渐式微。

日本的发展似乎和欧洲有些相像，都是发端于战后美国的扶持。所不同的是，日本作为一个整体，在国家意志和执行力上比欧洲更加坚决和高效。战后的日本创造了一个有史以来的经济神话，1955年之后的18年里，日本经济保持了年均10%以上的高速发展，索尼、日立、东芝等一大批电子企业从模仿到创新，把产品行销到全球各地。在美国的扶持下，1985年，日本GDP超过1.3万亿美元，相当于美国GDP的1/3，出口总额42万亿日元左右，其中对美国出口额为568亿美元，贸易顺差高达312亿美元，同年，日本外汇储备也达到279亿美元。经济的发展使得日本人的自信心极度膨胀，大量购置海外资产，甚至连美国人都在惊呼，日本要买下整个美国。

随着日本经济实力的提高，日元成了重要的国际贸易货币。然而局限于日本自身的国际地位，日元的成长也表现出先天的营养不良，总是在关键的时候无法取得质的突破。

日本在第二次世界大战后成为美国坚定的同盟，可以说美国和日本就是主仆关系。对于日本经济的崛起和日元对美元构成的威胁，美国当然不会坐视不管，于是在1985年，美国、日本、联邦德国、法国、英国五国财政部长及五国中央银行行长在纽约广场饭店举行会议，会议达成了五国政府联合干预外汇市场，使美元对其他主要货币的汇率有秩序下调的决议，这就是著名的“广场协议”。虽然广场协议涉及5个国家，但最大的输家无疑是日本。在广场协议之后，日元兑美元一次性升值超过20%，此后更是拉开了日元升值的大幕，到1988年，日元对美元汇率在三年内升高了一倍以上。

巨幅的升值导致日本的对外贸易出现了严重的恶化，降低了其产品的国际竞争力。而对内来讲，由于日元升值的预期强劲，热钱大量涌入本土市场，使得资产泡沫空前膨胀，股市楼市的价格直线狂飙，这为日本经济的衰退埋下了严重的隐患。

20世纪90年代，日本的金融泡沫终于破裂，带来的严重后果就是持续近30年的经济衰退，甚至到今天都没有复苏的迹象。而伴随着日本经济的江河日下，日元在国际上的地位也不断走低。虽然有日本政府的不遗余力，但日元的国际化至今仍不成气候，在国际储备货币中的占有比例也仅仅在7%左右。

目前的世界货币体系中，依然是美元占据绝对的领导地位，但在一些局部区域内，比如是欧洲和亚洲，欧元和日元逐渐在和美元形成分庭抗争的格局。而在世界外汇市场中，美元、欧元和日元也成了交易量最大的币种，体现了它们在世界货币体系中的地位，这也是和货币发行国的经济实力相匹配的。

人民币的未来

分析完全球的主要货币体系，我们来看看对人民币未来的国际化有哪些有益的启示。

如果说战后的日本经济发展创造了东亚奇迹，那么改革开放40年的中国绝对可以说是创造了人类经济史的奇迹。从1978年开始，中国的GDP连续40年保持了8%以上的增长，经济规模相较于改革开放前增长了100倍，实现了从第三世界农业国成长为全球第二大经济体的跨越式发展。

伴随着中国自身的发展，对外贸易的成长速度也极为惊人。目前，中国已经是全球最大的贸易国，是全球超过2/3的国家最大的贸易伙伴。贸易的增长，大幅提升了人民币的海外需求，为人民币汇率的坚挺和稳定提供了坚实的经济基础。2018年，人民币进入了SDR（Special Drawing Right，特别提款权），标志着人民币国际化迈上了新的历史台阶。展望未来，人民币国际化是中国经济全球化的必然要求，也是必然结果。

人民币要实现真正的国际化，核心是要实现从贸易货币到储备货币的转变。目前来看，中国虽然拥有庞大的外贸规模，但人民币的国际储备占比不足2%，不要提和美元，哪怕和日元相比，都相差甚远，这显然和我们当前的经济体量和国际影响力不相匹配。当今世界，虽然贸易仍然是支持通货规模的基础要素，但资本项下的跨境转移已经越来越成为国际货币流通的主要形式。以美元为例，由于美国工业制造的输出能力严重衰退，真正用于与美国做贸易支付的通货占比在大幅减少，大量的离岸美元是以储备资本的形式被各个国家所持有，所以资产保值和增值的需求比贸易的需求更大。这也是为什么大量的离岸美元要回流美国资本市场的原因。因此，对于人民币来说，未来国际化的道路必然伴随着中国资本市场的国际化，只有在可以自由持有人民币资产的前提下，人民币作为储备货币的价值才能够最大化。最近几年，A股的开放步伐越来越快，面向证券化资产的外资管制壁垒越来越少，就是在为人民币未来的国际化积极地夯实基础。

未来，资本项下的人民币必然会走向可自由兑换，但从实施的角度来看，必须采取循序渐进的策略。事实证明，人民币过往的汇改经验是值得肯定和继续推广的，一个核心原则是，必须保证人民币的自由兑换不会对中国制造在全球的竞争优势造成较大的冲击。另一方面，参考日本的前车之鉴，无论外部压力多大，人民币绝不可一次性大幅升值。货币主权国的自主独立极其重要，货币意志体现国家意志，非市场化的货币压迫手段必然会扭曲真实的汇率，并造成出口竞争优势的下降，对中国的外贸和经济发展产生巨大的负面影响。

说到底，人民币的坚挺和国际化一定离不开中国自身的经济强大和规模优势，所以，无论外部环境如何变化，搞好国内的经济建设对人民币来说至关重要。首先，稳定的大一统市场是确保经济发展长治久安的基础，在中美对抗的背景下，要管控好意识形态冲突，避免民族主义泛滥，中国只要自己不乱，没有人能够搞垮我们。其次，必须构建完整的工业体系，拥有可以自我独立发展的工业化能力，不要求样样都是强项，但绝不可在关键环节存在弱项。需要注意的是，独立自主并不意味着闭关锁国，在可以国际化合作的领域，我们仍然要充分落实市场开放。最后，在充分完成工业化之前，中国经济必须保持稳定增长，哪怕速度慢一些，但相较于全球的增速一定要具有比较优势，只有这样，我们才能够对全球的资本和生产要素形成较强的吸引能力。

对外来讲，积极地、持续地扩大开放是对抗外部不确定因素最务实的策略。“一带一路”倡议堪称中国版的“马歇尔计划”，刚刚推出时，我们可能还无法看清它的价值，但在中美对抗不断升级的背景下，“一带一路”倡议越来越凸显出超越时代的战略意义。我们要充分利用好这个机会，扩大朋友圈，强化人民币的双边互换，建立独立自主的人民币外汇结算体系，由点及面，逐步扩大离岸人民币的规模，不断提升人民币在域外的信用和影响力。

随着全球地缘政治博弈和动荡的加剧，提高中国的黄金储备，是实现人民币国际化的必要保障。中国从2010年开始就在不断地增持黄金，目前，中国官方的黄金储备数量占到了全球份额的1.6%，但如果要实现人民币的国际化，现在的份额远远不足以提供充分的支持。虽然当下已经不是金本位的时代，但黄金作为人类历史上久经考验的储备资产，对于持有国的信用背书仍然具有超越时空的价值。

最后，数字货币的兴起给人民币的国际化提供了难得的“弯道超车”的机遇。未来的世界必将进入无纸币时代，中国在移动支付领域已经先行一步，积累了大量的交易数据和运营经验，而真正能够突破现有世界金融格局的变革，目前看来，大概率会来自有主权国家信用背书的数字货币的广泛推广和应用。借助技术的进步和完善，人民币的国际化推广拥有了可以更加便利的实现手段。西方世界出于对现有金融秩序的维护和个人隐私的保护，在数字化货币的推广上显得较为谨慎和保守，而这正给了人民币领先一步的机会。如果中国能够率先在全球推出可以成熟应用的数字货币，人民币的国际化必将借数字化的东风驶入历史快车道。

以上我们简要回顾了世界货币体系的发展史，并对人民币国际化的未来做了展望和推演。了解国际货币体系的发展，不仅是对我们做好投资工作很有帮助，同时也是对我们在更深层次认识世界经济，把握历史发展趋势的客观要求。随着中国经济实力的增强，人民币在国际上的地位必然会越来越高。人民币能否成为下一个国际货币，目前下结论为时尚早，但我们从世界货币的发展史中可以看到，一种主权货币的崛起必然伴随着发行国综合实力的崛起。长期来看，中国的发展趋势良好且不可阻挡，由此展望，对于人民币的未来，我们当然可以给予更多的祝福和期待。

如何看待人民币的贬值①

2018-10-10

近期人民币汇率出现了大幅贬值，我们从更长的视角来分析一下汇率变化对于中国经济的影响。

从长期走势来看（见图2-2），人民币经历了从2005年到2014年单边上涨的十年，而与此相对应的是，中国制造的全球输出能力也经历了高速成长的黄金十年。汇率的本质，其实是不同国家产出能力彼此之间的货币化比较。由于中国制造在此十年里输出能力的快速增长，导致全球市场对人民币的需求不断被推高，所以表现在汇率上就出现了人民币的单边上涨。但在2014年创出6.04的历史新高后，随着中国出口贸易量达到阶段性的峰值，人民币的汇率也终于结束了单边上涨的趋势，甚至在2015年和2016年，伴随出口数据的萎缩，人民币一度以单边下跌的走势趋近于7.0整

① 此文作于2018年10月，距本书出版之际，已经过去两年多时间。在这期间，人民币汇率再次出现大幅升值，截至2021年5月，已经创出了6.40的阶段新高。这意味着中国制造在全球范围内仍然具有比较优势，特别是在新冠肺炎疫情的冲击之下，世界经济不仅没有出现所谓的“去中国化”，反而加深了对于中国制造和供应链的依赖程度。

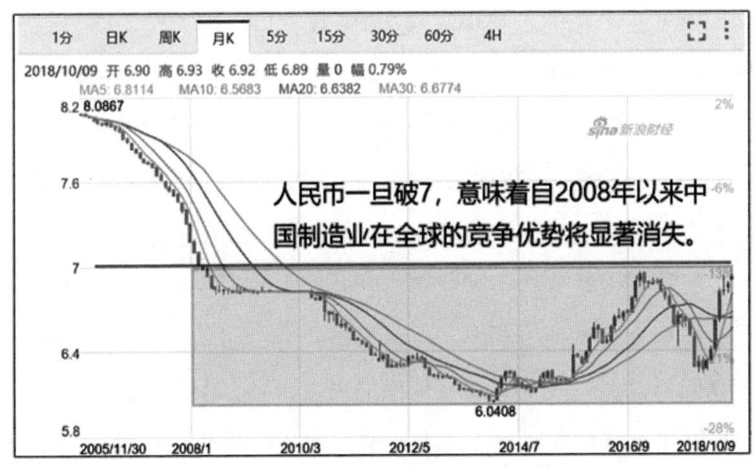

图2-2

数据来源：新浪财经。

数关口，并由此导致了资本的快速外流，外汇储备显著减少。后来在央行和政府的强力干预下，采用限制对外投资和降低换汇额度等手段，大幅减少了企业和居民部门的外汇流出，逆转了人民币的贬值预期。2017年，随着外贸数据的改善，人民币再次出现了大幅升值，直到2018年中美贸易战燃起硝烟后，升值预期随之戛然而止。

从2018年人民币的走势来看，基本上是以历史上从未有过的极其快速的下跌方式再次趋近于7.0整数关口，而由于贸易战带来的出口压力，这次央行放弃了以往对于人民币汇率的强制干预，放任其不断贬值，所以本次人民币的汇率变化波动巨大，也更加市场化，更加充分地反映出了人民币自身的内在价值。

如果在未来的走势中跌破7.0整数关口，则人民币将再次回到2008年的汇率水平，这也意味着，自2008年以来中国制造相较于全球的竞争优势将成为历史。随着土地、劳动力等生产要素成本的不断抬高，我们将不得不面对更为严峻的外贸压力，只能通过人民币的不断贬值来维持中国制造的出口竞争力。

但这是否意味着中国经济将就此陷入衰退？事实上，现实情况并没有如此悲观。虽然外贸对中国经济的贡献度会越来越低，但我们仍然拥有全世界无与伦比的内需市场，中国经济内生性的增长对于经济的拉动在未来将会越来越发挥重要的作用。举个例子，自从有“十一黄金周”以来，中国人在此期间外出旅游的人数以极其稳定的速度不断增长，无论是境内游还是境外游。当我们每年都在感慨假期的中国人多到令人窒息的时候，来年的景象只会让你更加瞠目结舌。这只是中国消费市场长期成长的一个缩影，未来只要是涉及国计民生的消费行业，衣食住行、医教文旅，都会受益于中国内需市场的消费升级带来的巨大红利。

基于以上分析，在投资策略上，我们要坚定不移地对大消费领域保持高度的关注，特别是在细分市场当中已经形成巨大竞争优势的头部企业，长期来看，它们仍然具有极其巨大的成长空间。而对于中国的制造业来说，整体上将会面临一个较长周期的调整压力，只有不断改变传统的低效率的产出方式，完善企业所有制结构，提升产品内在附加值，强化创新和服务水平，中国制造才可能继续在国际市场中获得自己的位置。这对于那些已经在某些细分领域的国内竞争中完成了能力建设，具备了在国际市场上同台竞技资格的企业，恰恰提供了极好的上场机会。压力就是动力，看好国内制造业的头部企业未来能够在全球市场取得更大的成就。

全世界正在进入人民币资产的配置周期

2019-08-27

今年的A股可谓是冰火两重天。一方面，以茅台平安为代表的大白马在不断创出历史新高，而另一方面，也有超过1400家上市公司的股价在上半年创出了历史新低。

市场看似分裂的背后，其实是A股的投资逻辑正在发生历史性的改变。事实上，从2017年开始，以上证50为代表的绩优股就已经开始成为市场追逐的热点，而中小创却一改往日鸡犬升天的局面，这种极端分化的行情背后，意味着A股正在步入估值重塑的新的历史阶段。

就在上周，丹麦在全球首次推出了个人负利率贷款，而德国则首次发行了三十年期负利率债券，同时，美国的长短期利率倒挂已经成为常态，十年期利率不断创出新低，美元正在逐步接近零利率的时代。这些看似无关的金融事件背后，其实标志着一个重要的历史节点，意味着全球的风险资产正在全面进入厌恶周期，主流资本对未来世界经济的发展充满了悲观的预期。

而与此相反，今年上半年中国GDP仍然保持了6.3%的较高增速，虽然也面临着增速下滑的压力，但相对于欧美日等发达经济体的疲态，还是保持了很大的比较优势，这对于全球风险资本来说，无疑具有极强的吸引力。在此消彼长的背景下，未来30年，中国资产将有望成为全世界的核心资产，人民币资产的国际化将进入新的买方驱动的历史时期。下面我们简单分析一下个中缘由。

首先，在实体经济层面，经过40年的改革开放，中国已经出现了一大批在各个细分领域具有较强竞争优势的头部企业，这些企业无论从质量还是体量上来看，都已经具备了走向海外市场的能力，虽然短期中资企业面临着外部环境的恶化，但长期来看，未来走向全球将是不可阻挡的历史趋势。在今年《财富》杂志的世界500强榜单中，中国企业入围的数量首次超过美国，这也意味着，经过40年国内市场的残酷洗礼，已经完成了能力建设的中资企业，将在未来的全球市场扮演更重要的角色，国际超级企业俱乐部的牌桌上，一定会看到越来越多的中企身影。

其次，从资本市场来看，A股国际化已经拉开大幕，进入了全新的历史阶段。国际资本的介入对于开放和成长中的A股来说，无疑是最大的时代红利。从标普到MSCI（摩根士丹利资本国际指数），大量的海外ETF基金（交易所交易基金）正在积极加码A股市场。目前A股市场海外资金的投资规模已经超过了公募基金，达到1.6万亿元，成为国内资本市场中一支举足轻重的推动力量。对标韩国、台湾地区等新兴市场30%的外资参与度，目前外资在A股的持股比例大概只有5%左右，这意味着未来进入A股市场的国际增量资金有望达到6万亿~8万亿元的规模。

另外，人民币国际化将成为推动A股国际化的重要力量。随着全球地缘政治的动荡和经济的衰退，特别是在特朗普上台以来的恣意任性下，石油美元体系在未来将面临越来越多的挑战，这对人民币国际化来说无疑是一个巨大的机遇。人民币已经进入了SDR，越来越多的国家也正在和中国达成双边货币互换协议，这将为人民币最终走向世界提供巨大的推动力。目前来看，最大的不确定性来自人民币的汇率风险，特别在今年美元兑人民币破七之后，市场对人民币未来的汇率看跌的预期十分强烈，但随着美元从今年下半年进入降息周期，人民币的贬值压力也将大大缓解，因此，站在外部环境的角度来看，我们不必对人民币的走势过于悲观。

综上，在未来相当长的一段时间内，A股的核心资产正逐步成为全球的核心资产。参考美股的历史，在时间和空间上，中国的优质白马股有望在未来走出超乎想象的独立行情。落实到行业选择，个人觉得未来确定性最高的三条主线，仍然首选大消费、医疗健康，以及科技领域的国产化替代。无论外部环境如何变化，中国经济未来的核心支柱无疑来自内需，在这个全球最大的统一市场中，日后会生长出怎样惊人的消费巨头，值得我们拭目以待。而随着中国老龄化时代的到来，中产阶级的广泛形成，医疗健康无疑将是一片广阔的海洋，深水养大鱼，这个领域同样值得我们期待。而中美之间未来长达数十年的一哥之争，虽然会给科技和制造行业的中国企业带来巨大的挑战，但同时也将带来更大的机遇，我们有理由相信，华为不是第一个，也不是最后一个崛起的中国科技巨头，在各个细分领域，我们有望看到更多的国产化替代，以及更多科技龙头的出现。

投资是要看大势的，真正的大成就离不开大趋势，顺应时代潮流显然比对抗历史趋势更容易获得成功。在某个时点上横向对比中美两国，我们很难看出什么端倪，但放在更长的时间维度来看，中国的崛起和美国的式微将是历史的必然。所以，如果说20世纪，巴菲特会感慨自己最幸运的事情是生在了美国，那么在当代，毫无疑问我们要庆幸自己生在了中国，感谢这个时代给予了我们每个人见证并分享中国崛起的历史机遇。

关于中美贸易冲突

2019-05-24

近期由于中美贸易冲突的升级，资本市场也呈现出大幅波动的局面，无论A股还是美股，都面临着巨大的调整压力。很多人就此认为，美国一意孤行必然碰壁，迟早要和中国走向妥协。这种认识不见得错，但所谓的妥协是面向强者而言，美国能在板门店坐下来签字，是因为在上甘岭吃了苦头，碰到了强硬的抵抗，而中国为此也付出了巨大的代价。所以，在达成妥协之前，必然会经历一段硝烟弥漫的日子，至于这段日子有多长，可能会远远超出很多人的预料。

首先要明确，此次冲突与意识形态无关，而与大国发展权的争夺有关，与对全球市场资源的占有有关，美国作为多年来唯一的世界老大，不能容忍任何国家有取代其地位的企图和行为。从当年对日本和欧元的压制就可看出，这是国家利益问题，绝不是意识形态问题。我们从短中长期三个方面来简单分析一下这场冲突对资本市场，特别是A股市场的影响。

短期来看，要高度关注人民币的贬值风险。两国对抗最显著的强弱信号就是彼此主权货币之间的汇率，近期随着美国对华贸易关税的全面加征，人民币对美元的汇率应声而落，迅速从6.7贬到了6.95，距离7整数关口近在咫尺，而一旦破7，人民币将显著打开下跌空间。人民币贬值对于A股市场的负面影响极其深远，在资本全球化的背景下，如果一个国家的主权货币具有强烈的贬值预期，其国内的资本市场就不可能具有走牛的基础。中国要走向世界，资本市场的国际化是必然趋势，大幅引入海外资金，改变目前A股市场的投资者结构，也是A股走向长治久安的必由之路。但如果贸易冲突持续升级，人民币的贬值压力就会越来越大，而从管理层的角度来看，为了对冲外贸压力，可能会放弃对于外汇市场的过度干预，虽然在政治正确的语境下，对外的官方说法一定是维持汇率稳定，但在实际操作中，可能会大幅提升对人民币贬值的容忍区间。

美元和人民币之间的汇率变化也是彼此资本市场强弱的直观体现。美元强，美股就强，人民币强，A股就强，外部资金的边际效应对于本国资本市场的影响在中美贸易冲突的背景下被显著放大。所以我们可以看到，近期中美两国的市场明显呈现出跷跷板效应，你跌了我就涨，我涨了你就跌，既然是处于对抗期，当然是互相见不得彼此的好。短期来看，只有美股跌得越难看，A股的反弹空间才会越大。

中期来看，形势很不乐观，甚至可以说非常严峻。以华为事件为起点，中美之间的贸易冲突已经升级到了科技对抗的全新阶段，无论我们多么面若平湖，两国之间硬实力的差距毕竟显而易见，特别是美国已经一意孤行，杀伐决断，在全球范围内全面压制中国科技的崛起，甚至于不惜伤及自身短期利益，在战略层面上也要将中国科技置于死地。很多人认为，贸易战是双输的结果，美国自身也受到巨大的伤害，迟早会和我们妥协。结果或许未必如此乐观，谈判和战争是两个概念，谈判是以自身获得最大利益为目标的彼此博弈，而战争就是不惜一切代价，拼到你死我活，美国既然敢这么不计成本，凶相毕露，想必早就做过了沙盘推演，对可能受到的损失做了认真的评估，之前一切的谈判和推诿都是伪装，要你命才是真的。

近期芯片和5G概念再次成为A股的市场热点，相应地，美股相关概念股却在持续走弱。虽然中美对抗使得未来的国产化替代有了更广阔的想象空间，但科技是长周期行业，需要持续不断高强度的资本和人力投入，短期的股价可以靠着市场的爱国情怀支撑一下，但最终还是要看企业能否在技术和研发上体现出竞争优势，将科技成果转化为真正的商业价值。毕竟不是所有的企业都是华为，在这场波澜壮阔的科技较量中，未来还有很多的不确定性，所以我个人的观点，反而是对科技型上市公司要谨慎对待。当然未来真正的大黑马一定是来自科技领域，但这对投资人的价值判断能力提出了更高的要求，需要做好长期扎实的研究工作。

长期来看，中国取代美国成为全球第一大经济体是必然的历史趋势。毕竟，14亿中国人在那里放着，统一的消费市场具有无可比拟的规模优势，而随着经济成长带来的巨大惯性，在未来相当长的时间里，中国仍然会在世界范围内凸显出自己绝对的市场优势。中美之间目前所处的历史阶段，正如一个青春期的少年和一个暮气沉沉的老人，我们还处于工业化的进行阶段，而美国的工业化已经完成了上百年，所以从更长的视角来对比，只要我们自己不犯战略性错误，一切的艰难挫折都是成长道路上的垫脚石，少年终归要走向壮年，中国终将要引领世界。但这不意味着我们就可以坐等云起，小孩子不努力，也会变成不良少年，从小不强身健体，碰到个大病，甚至随时会有夭折的风险。

其实美国人帮我们提出了一个长期待解的命题，如何在经济层面完成结构性改革，解决国有和民营企业之间的竞争不平衡，是中国能否真正融入并引领经济全球化的核心。在这一点上，我们要实实在在地感谢美国人，没有这么大的外部压力，我们可能很难去自我直面这个难题。我们尽管提出了很多口号和名词，但触动利益比触动灵魂都难，执政党如何解决政治资本对市场竞争的干预，切实落实竞争中性原则，仍然有很长的路要走。另一方面，虽然目前在中美对抗中，美国显得更加急不可耐，但事实上，集权国家在面临外部压力时往往更容易走向极端，所以，在未来相当长的时期内，正如习主席所言，我们要保持高度的战略定力，坚持对内改革和对外开放，无论全球风云变幻，中国的未来决不能走向封闭和民粹，否则百年基业将毁于一旦。

综上，个人观点，整体来看，短期A股系统性的机会已经不大了，很难再现第一季度的普涨格局，年内高点或已出现。当然，对于个股而言，仍然是区别对待，好股票在任何时候都具有穿越牛熊的价值。至于市场整体状况的改善，一方面取决于中美之间的冲突程度，另一方面也取决于我们自身宏观经济的健康发展。无论如何，中国的崛起是不可阻挡的，有一句话说得很好，长期来讲，时间在中国这边，我们要想见证这场伟大的复兴，必须让自己活得好一点，活得久一点。所以，希望朋友们在为社会主义事业添砖加瓦的同时，都能够把健康问题重视起来，我们虽然没有机会拥有巴菲特的财富，但至少都有机会拥有巴菲特的岁数。

疫情风险对股票市场的影响

2020-02-08

2020的春节过得极其不寻常，一场突如其来的新冠肺炎疫情，让所有中国人都沉浸在不安的情绪当中。这场罕见的重大疫情波及全球，当然也会对资本市场造成巨大的冲击。春节期间，海外市场持续下跌，而A股在春节假期之后，更是不出意外地开盘重挫，以罕见的大盘跌停做出了回应。

虽然经过一周的反弹，市场情绪有所恢复，但单周仍然以大幅下跌3.38%报收。如何分析疫情对于资本市场的影响，我们从宏观和微观两个方面来探讨一下。

宏观上来看，这次疫情对中国经济的短期影响是显而易见的。如此大的经济体，停止运转一天，都会造成巨大的经济损失，更何况，目前的中国几乎被整体按下了暂停键，生产和生活秩序什么时候能够恢复正常还很难讲，但至少从整个2月份来看，中国人几乎都要全员投入到与疫情的战斗中了。所以，从短期来看，市场必然会有所反复，目前的上涨仅仅是恐慌情绪释放之后的超跌反弹，大盘几乎不可避免存在二次回落探底的风险。但长期来看，本次疫情对于中国宏观经济的影响是极其有限的，仅仅会加大市场调整的幅度和周期，但不会改变中国股市自2019年以来已经确立的上行趋势。所以，这次的深幅调整，对于长期投资者来说，不但不是危机，反而是极其难得的入场窗口期。

由于财务数据的披露滞后于疫情的发生，所以疫情对经济影响的量化数据到底有多大，需要一些时间来逐渐显现，对具体公司经营状况的影响会在一季报披露之后得以确认。所以，4月份将是一个显著的分水岭。随着预期的尘埃落定，市场也将找到新的平衡，进入新的运行节奏。

接下来我们看看疫情对具体行业的影响。

首先我们要明确，决定一个公司股票价格的核心因素是其内在价值，也就是其长期的竞争优势，而非市场环境的短期变化。当发生重大的风险事件以后，我们首先要对风险事件进行全面的评估，看它到底构不构成影响企业竞争优势的核心因素。如果该事件引起的仅仅是市场的短期波动，那么大可不必对其过于在意，但如果发现随着事件影响的深化，非核心因素有向核心因素演化的可能，那么就要引起足够的重视。

受到疫情影响首当其冲的当然是消费行业，特别是酒店、餐饮、旅游、零售等。虽然表面看起来，疫情的影响是最直接的，感官冲击也是最强烈的，但事实上，这种影响只是暂时的。老百姓的生活秩序迟早要恢复，企业受到冲击的只是当期损益，终端的消费需求并没有被消灭，只是被延后了，所以这种影响就是非核心的，相关的上市公司，无论白酒、饮料、奶制品，之前的好公司不会因为一场疫情就变成烂公司，市场的大幅波动恰是给了你出手抄底的极好机会。

另一个受疫情影响较大的是养殖业，特别是养鸡企业。由于交通管制，大量的养殖户缺乏饲料储备，很多在养的鸡都面临着断粮甚至饿死的风险。这种影响相较于消费行业来说，就要严重得多，因为它会导致大量中小养殖户的退出，对供给端造成巨大的影响，如果企业不能有效摆脱困境，就会面临行业出清的压力。但对于产业链条够长、自我抵御风险能力强的规模化企业来说，这反而是强化竞争优势、提升行业地位的机会。随着鸡肉供给的短缺，今年猪肉对鸡肉的替代效应将会出现，所以去年的二师兄行情今年有望得以延续更长的时间。

至于制造业和科技行业，除了短期开工时间不确定外，几乎不受什么影响，行业的投资逻辑也不会发生任何改变。

当然，对于医疗健康行业来说，疫情反而是对其有正向效用的。最近市场对医用耗材企业疯狂追逐，相关个股涨声一片，但我个人并不认为这些企业是好的投资标的。医用耗材，特别是生产口罩、防护服之类产品的企业，短期看业绩弹性会非常大，但长期来看，不可避免地将进入需求萎缩、产能过剩的阶段，这对增强企业长期的竞争优势未见得有什么真正的价值，甚至会导致产能大幅投入之后的长期闲置，增加固定资产投入的折旧成本。真正长期受益的个股，应该是在体外诊断、新药研发、临床试验服务等领域。随着疫情带来的潜在医疗需求的释放，这些细分领域将会得到长足的发展。

简单就几个行业进行了一下讨论，目的主要是给大家提供一个方法和视角，在面对突发的风险事件时，能够有效理清逻辑和思路，避免陷入恐慌和混乱。事实上，类似疫情这类的风险事件一旦发生，我们的情绪出现波动是非常正常的，大可不必自我苛责，我们需要避免的不是恐慌情绪，而是被恐慌情绪控制了决策行为。如果说错投是投资的敌人，那么错杀就是投资的朋友。长期来看，股票市场被错杀的概率很低，而一旦出现这样的时间窗口，投资者一定要及时和勇敢地抓住机会。及时，意味着要时时关注，总想着等行情来了以后再动手的投资者，往往会落入后知后觉的风险之中；勇敢，意味着当机立断，对于研究清楚的股票要毫不犹豫地动手。勇敢和鲁莽的区别在于，前者是在做足功课前提下的胆大心细，后者却是无知无畏下的草率搏命。令人遗憾的是，现实生活大多数的投资者，往往属于后者。

如何理解科技股行情

2020-03-08

2019年下半年以来，A股久未表现的科技股终于迎来了自己的高光时刻，掀起了一轮狂飙突进的上涨。从5G到云计算，从软件到半导体，只要和科技沾边的股票，都被市场追了个遍，在此带动下，创业板指数也节节攀升，创出了自2016年以来的新高。

短期来看，科技股的涨幅确实非常惊人，很多热门概念股甚至已经被爆炒超过了10倍。然而，以我自己的样本所见，很多人并没有在这一轮行情中赚到大钱，一方面是对中国科技股的未来发展持比较谨慎的态度，另一方面，短期的大幅上涨也限制了追高热情，不敢重仓投入，甚至还有不少人在犹豫不决中一路踏空。

随着近期外围市场的暴跌，科技股行情也受到影响，出现了较大幅度的回落。那么在这个新冠肺炎疫情不断发展、全球充满动荡的时刻，我们该如何看待中国科技股未来的走势呢？个人观点：虽然科技股短期的调整在所难免，但站在更大的历史视角来看，中国科技企业走向星辰大海的征程才刚刚开始。

回顾这一轮科技股的上涨，中美贸易摩擦显然是最直接的导火索。2018年以来，美国彻底撕掉了虚伪的面具，开始实施全面遏制中国崛起的战略，对以华为为代表的中国高科技企业进行极限打压，扼杀中国科技发展之企图昭然若揭。华为事件带给中国政府和企业的震惊不亚于当年的海湾战争，我们突然意识到，是否掌握核心技术在未来国与国之间的竞争中几乎扮演着胜负手的角色。“实践反复告诉我们，关键核心技术是要不来、买不来、讨不来的。只有把关键核心技术掌握在自己手中，才能从根本上保障国家经济安全、国防安全和其他安全。”习近平主席的论述无疑明确地表达了，中国在面对外部环境的不确定时，核心技术的自主可控和国产化替代将成为毫无争议的战略选择。

在此国家战略下，中国科技企业的发展迎来了极为难得的历史机遇，由此带来的企业价值重估也直接而快速地反映在了资本市场之中。这一价值重估，不仅仅体现为企业的收入和利润，更重要的是，中国科技企业开始获得了产业话语权。核心科技是进入门槛极高的领域，几年前，我对中国科技企业的发展还持有比较悲观的态度，因为从供给端的能力来看，中国企业和国际同行相比没有任何竞争优势。然而，中美贸易冲突导致需求端出现了结构性的改变，巨大的内需市场出现了缝隙和松动，这给了中国科技企业难得的进入机会。科技领域的特点就是壁垒极高，赢家通吃，企业如果没有切入当前的供应链，那几乎就没有任何做大做强的胜算。然而，随着自主可控和国产化替代成为国家战略，本土企业终于有机会开始靠需求推动来实现技术迭代和产业升级，而一旦有了市场驱动，中国科技企业必将驶入高速发展的快车道。

另一方面，科技产业的崛起也是中国供给侧改革的内在要求，是中国宏观经济在新的历史时期必然的发展结果。改革开放以来的40年，中国充分享受了人口红利、资源红利和城市化红利，依靠后发优势实现了对发达工业国家的快速追赶。然而，在我们经过40年高速增长，经济规模已经达到100万亿元人民币的今天，传统产业的发展空间已经日渐趋于饱和，甚至在很多领域都出现了严重的产能过剩。中国每年生产的钢铁、水泥、电解铝和平板玻璃，占了全球产出的50%以上，成为名副其实的“世界工厂”。我们当然不可能永远靠巨大的资源投入来维持经济的高速增长，产业升级成为中国经济提质增效的必然趋势。这也是为什么，在2015年之后，中国要大规模启动供给侧改革，实行“三去一补一降”产业政策。而真正能够有效推动产业升级的手段，是科技的进步和广泛应用，这无疑给中国本土科技企业打开了未来极其广阔的发展空间。

从金融的角度来看，科技产业的证券化已成为中国资本市场当前首要的历史任务。中国证券市场经过30年的成长，规模日益壮大，体系日益完善，但制度建设仍然和成熟资本市场有较大的差距，其中最显著的短板，就是对于新兴产业缺乏足够的金融支持和证券化服务。从2019年科创板的火速落地可以看出，国家争夺中国科技产业证券化资本高地的愿望十分强烈，我们不能够长期容忍中国科技领域的核心资产流失于海外，无法享受其资本红利，而另一方面，中美之间的矛盾一旦持续深化，中国科技企业走向海外资本市场的大门也将不得不面临关闭的风险。今年证券法修订稿的核心内容，就是要在创业板全面推行注册制，而新三板精选层的推出，也为科技企业提供了更多的证券化选择。从管理层的态度来看，强化为实体经济服务，全面落实脱虚向实，成为中国证券市场改革发展的落脚点，而中国新兴产业的证券化，也将获得坚定不移的快速推进。

从资本的投入产出来看，科技产业将成为中国经济盛宴中最后的晚餐。过去的30年，资产证券化在中国从无到有，从小到大，经历了波澜壮阔的发展历程，到目前为止，如果加上海外上市的内地公司，中国上市公司的总数达到了近4000家，总市值达到了80万亿元，占到了2019年中国GDP的80%。这些数字清楚地标志着中国资产证券化从零到一的历史阶段已经完成，也同时意味着，基于证券化套利的Pre-IPO投资方式在中国正式宣告结束，基于价值成长的Value-Growth投资时代已经到来。一切套利都会结束，唯有成长生生不息，传统意义上的成熟资产已不再是资本追逐的热点，代表未来的新兴产业将对资本产生更大的吸引力，无论是股权投资还是二级市场，都将开启资本参与企业价值创造的新的历史阶段。此时此刻的中国资本市场，有些类似于20世纪80年代的美国，传统产业增长趋缓，新型经济呼之欲出，美国借助纳斯达克的建立，涌现出了苹果、微软、谷歌等一大批闪闪发光的科技公司，从此踏上了科技创新引领经济发展的40年，并带领人类社会走向了一个前所未有的高度。站在当下，遥想一下40年后的中国，我们几乎不敢想象其未来的样子，但可以肯定的是，中国的科技企业一定比现在更具有全球影响力。如果大家对于未来缺乏一些想象，那么不妨回顾一下纳斯达克的历史走势，从1971年创立时的100点，到2020年的近10000点，50年的时间，几乎上涨了100倍。

最后，从企业自身发展的角度来看，在被美国科技企业压制了数十年之后，中国科技企业完成改朝换代、走向世界的雄心从未像现在这样强烈。中国巨大的内需市场是培育科技企业极好的土壤，而成长为全球化公司也是它们对自身未来发展的必然要求。20年前，当第一波互联网浪潮在美国出现时，很难想象20年后的今天，中国的淘宝和抖音可以刷遍全世界。而随着中国综合国力的不断增强，国际化程度的不断提高，中国的科技企业当然值得我们在未来更加高看一线。

至于如何进行资产选择，应该遵循“轻概念、重业绩、抓龙头”的原则。虽然是新兴产业，我们在做出投资决策时，仍然要按照传统产业的投入产出模型来进行资产筛选。不要相信故事，无论什么时候，企业实实在在的业绩，都比所谓的热门概念让你睡得更加踏实。

任何一场竞争都是残酷的，中国的崛起必然影响到旧有的世界格局和利益分配，而在这个漫长的过程中，作为老大的美国会比我们面临更大的压力，所以中国在成长过程中遇到各种阻力也在意料之中。中国要发展，就无法回避这场竞争，历史无数次告诉我们，老二的崛起往往会开启一个新的时代，中国的未来将会如何，让我们拭目以待！

关于美股暴跌的讨论

2020-03-20

在新冠疫情的影响下，全球股市近期都出现了大幅下跌，特别是美股，道琼斯指数在短短一个月时间里就从近30000点跌到了19000点，下跌幅度超过了35%。很显然，美国股市正在面临着自2008年金融危机以来又一次历史性的暴跌，我们来简单分析一下其背后更深层次的原因。

美国内部的问题由来已久，只是因为其在全世界维持了多年的霸权地位，形成了全球资源对美国的优先支持，才使得美国内部的问题一直没有发展为市场关注的焦点。但这次的新冠肺炎疫情，不仅暴露了美国在应对危机处理上的制度劣势，更让很多掩盖多年的深层次问题浮出了水面。

当然，美国现在依然是全世界公认的第一强国，软硬实力都首屈一指，而且其真正的长板优势仍然十分显著。但如果以动态的眼光来审视美国，会发现它的实力确实在不断下降，一方面是受到了巨大的外部挑战，另一方面还是源于自身顽疾的积重难返。

美国当前最大的问题，是内生性的财富创造能力在不断下降，更多是依靠过度金融化所制造的资本泡沫。从这次疫情就可以看出，其抗疫用品几乎无法做到自给自足，甚至连潜在的生产能力都无法保证，作为全球第一大经济体，实业基础之薄弱令人唏嘘。中国人在家闷了一个月，也没有见谁大量地囤积日用品，而美国人甚至连卫生纸都不放过，说到底还是对自己国家的供给能力没有信心。特朗普反对全球化，事实上美国是全球化最大的受益者，如果没有全世界为美国生产各种廉价消费品，美国人的幸福生活真的要打很大的折扣。多年来，产业链的全球化布局使得制造业逐渐远离美国本土，劳动力市场的需求不足使得劳动参与率长期下降。我们能够看到的往往是美国精英阶层光鲜的生活，但事实上，数字背后是被平均的尴尬，美国1%的富豪总财富已经达到了35万亿美元，占比从2009年的27%提升到2019年的32%，这些财富大部分来自股市投资所获取的巨额回报。而占全美人口半数的工薪阶层，其真实财富竟低于20年前。充分的金融化让富人更加富有，但产业的空心化却让穷人更加贫穷，这就是残酷而真实的美国。

美股已经走过了11年的牛市，公司业绩当然是根本，美国优质的上市公司确实足够优秀且数量众多。但另一方面，从2008年开始，美联储无节制的量化宽松政策是推升牛市更重要的原因，宽松的货币政策已经让美国债务的总规模突破了60万亿美元。而特朗普上台后对货币政策的过度干预，更使得美联储的独立性受到了很大的挑战。可以预见的是，美国也一定会步欧洲之后尘，坚定地走向负利率，特别是在这次疫情的刺激下，降息的步伐会不断加快。水越放越多，可资产回报率却越来越低，以至于国债利率倒挂在美国已经成为常态，使得投资者越来越能够容忍不断推高的市盈率。而这就像一场击鼓传花的游戏，一旦资产回报率被压低至市场无法接受的水平，崩盘的风险就会被随时释放出来。

美国目前还面临着一个潜在的巨大风险，就是居民储蓄的严重不足。美国是个消费主义盛行的国家，40%的老百姓现金储备几乎为零，都靠着信用卡在过日子。过度消费带来过度负债，居民部门杠杆率居高不下，储蓄率低到只有不到8%，而中国人几乎高达50%。寅吃卯粮终有头，杠杆之后要清算，如果说日子好的时候我们过得不一定比美国人舒服，但苦日子一来，我们绝对有信心比美国人抗得久。过低的储蓄率，使得美国根本没有经济增长内生性的动力来源，直接导致贸易逆差的不断扩大。一边是疯狂消费，一边是供给不足，长期来看，这种透支对于美国来说绝对是不可忽视的命门。

另外一个风险因素来自特朗普，笔者可以负责任地说，只要有他在，美国就不可能再次伟大。说实话，我是真心希望特朗普能够连任，多年后回头再看，中国的崛起真心要“感谢”他。特朗普奉行贸易保护主义，大幅提高了全球贸易流通的成本，短期看，虽然忽悠美国老百姓跟风口嗨，但长期来看，贸易保护贻害无穷，严重伤害了美国自身的公信力和全球竞争力。

多年来，美国向全世界收取铸币税的主要手段就是其通过霸权建立起来的石油美元回流体系。对全球最重要的基础工业商品强制进行美元结算，保证了美元在布雷顿森林体系解体后仍然拥有超主权货币的地位。一方面通过印刷美元向全世界购买石油和商品，另一方面又通过债券和股市吸引美元回流维持其资本市场的繁荣，美国这一招空手白狼的游戏在过去的几十年里收割了全球数以万亿计的财富。然而，这近半个世纪以来的“特供”福利2020年终于到了清算时刻。事实上，新冠肺炎疫情对于美国的危机来说仅仅是个导火索，真正对石油美元体系形成重挫的因素主要有两个，一个是美国由于页岩气革命导致其由原油进口国变成了原油输出国，另一个则是特朗普上台后所实施的伤及全球的贸易保护政策。

美国作为全球第一的能源消耗国，通过进口石油向全世界输出了大量美元，但随着其变身为原油净出口国，美元的这一输出过程不得不戛然而止。另一方面，对于美国来说，贸易逆差是维持石油美元体系所必需的前提条件，你不能拿走别人的美元，还要让别人用美元来给你投资，这种让牛挤奶又不喂草的好事简直是天方夜谭。由于特朗普的无知和鲁莽，不惜动用非市场化手段来强力干预美国的贸易逆差，一不小心将半个世纪以来勉力维持的特里芬难题直接搞成了压垮美国资本市场的最后一根稻草。

这么多年来，由于美元扮演着事实上的全球通货角色，通过贸易逆差，美国向全世界输出通胀和流动性，而石油美元体系所催生的资本回流，又对美国资本市场形成了源源不断的支撑，造就了全世界对美股牛市的推动。维持这一局面的必然结果就是美国自身实业的空心化，这是美元霸权所必须付出的代价。然而，特朗普想要的太多了，贪心的结果就是，本来想补个窟窿，却不小心连房子都拆了。

这波下跌已经导致了十几万亿美元的财富灰飞烟灭，短短两个星期，就让美国11年的牛市戛然而止。但无数的历史经验告诉我们，恐慌的到来往往孕育着未来的希望，出清是为了更好地成长。人性中本能的恐惧使得我们对于未来的不确定性总是充满了担心，其实，回顾世界历史，经济的发展和科技的进步一直都是人类社会的常态，所谓的崩盘只是历史长河中不时泛起的微小浪花。当然，由于我们人生的短暂和局限，对个人而言，这些浪花确实会造成不容忽视的影响，特别是如果不幸遭遇战争的爆发和国家的崩溃，一个人可能会完全失去对自己生命的掌控。但整体而言，人类社会还是在不断地向前发展，经济全球化的红利总是在荫泽着全世界的大多数人。所以对于资本市场而言，原则上不存在所谓的崩盘，只要人类存在，这个市场就会永远存在，无论哪个国家的股市，即使是历史上最大幅度的下跌，最终也都会以创出新高来确认市场必将回归正常发展的状态。

事实上，美国还是有不少优秀的上市公司，宏观的资产清算不代表微观企业的好坏，恰恰在这样去泡沫的历史时期，才让我们有机会以低廉的价格去买到优质的资产。

这次的疫情危机也可能成为中美两国未来发展走向的分水岭，中国向上，美国向下，这个大的历史趋势不会以任何个人的意志为转移。工业化已经两百年的美国和改革开放四十年的中国，正如耄耋之年的老人和正当壮年的小伙，只要我们自己不犯错，没人能够阻挡得了中国的成长。看看这几天全球一望无边的绿，再看看大A股闪闪夺目的红，你就知道，这一切只是时间问题。

如何理解银行让利实体1.5万亿元

2020-06-21

2020年6月17日，国务院召开常务会议，部署引导金融机构进一步向企业合理让利，全年计划达到1.5万亿元人民币。

资本市场对此事件迅速做出了反应，银行股价应声而落，连续两天表现低迷，陷入调整。与此相反的是，A股整体表现却相当抢眼，特别是创业板，甚至在周五创出了四年多以来的新高，显示出市场对于中国实体经济快速复苏的乐观预期。那么站在资本市场的角度，我们该如何来解读这次的银行让利呢？

自2015年启动供给侧改革以来，国家开始强化金融监管，对于金融业的空转套利进行了有效干预，并鼓励商业银行“脱虚向实”，对除房地产之外的实体经济切实提供有效的金融服务和资金支持。从此之后，中国银行业结束了连续多年利润超过两位数的高速增长，但即便如此，相较于实体经济来说，银行业的利润攫取能力依然十分惊人。2019年，36家上市银行的合计利润达到1.67万亿元，占到了所有上市公司总利润的40%以上，显示出金融机构对于实体经济的利润挤压仍然十分严重。而上市银行总市值却不到10万亿元，只占到A股总市值的12%，大多数上市银行的市值处于跌破净资产的尴尬境地。前段时间，关于中美盈利二十强企业的对比图刷遍了朋友圈，中国最赚钱的公司都是以“工农中建”为代表的国有商业银行，而美国却是以FAANG为代表的高科技公司，这清晰地表明，与科技资产为主导的美国资本市场相比，A股市场结构性失衡的矛盾极为突出。

这次的国常会，事实上是2015年以来继续深化落实脱虚向实政策的又一次具体实践，而如此大张旗鼓地喊出让利的量化指标，还是令人感到有些意外，这也能够清晰地表明，在当前对抗疫情和经济衰退的双重压力之下，商业银行对于实体利润的挤压已经超出了市场和政府的容忍度。

中国的商业银行，是改革开放最大的红利获得者。由于宏观经济多年的高速发展，投资持续增长，带来了全社会对于资本需求的持续旺盛，而另一方面，中国人吃苦耐劳，勤俭节约，有着全世界无与伦比的高储蓄率，这意味着无论在资产端还是负债端，中国的银行都要比国外同行享有更加优越的外部发展环境。这也直接成就了四大国有银行在世界上的江湖地位，“中农工建”高居全球商业银行五强之列。然而，全球范围来看，中国商业银行的经营效率却并不具有比较优势，非息收入只占据了营收规模的25%，对标美国的商业银行，非息收入高达48%，接近收入规模的一半。这意味着，中国银行业的绝大多数利润是来自金融特权的垄断利润，各类商业银行普遍处于大而不强的历史发展阶段。

银行要提高非息收入，核心在于提高服务性收入。这次国家的强制让利，目的就是提高银行的危机意识，大幅降低息差收益，倒逼银行改革，从过去地产金融为导向转为商业金融为导向，强化服务意识，有效提高实体经济的服务能力。过去的20年，中国的商业银行，几乎变成了地产业的房东和掮客，而实体产业却成了后娘的孩子，特别是以轻资产为特点的新兴产业，以及数以千万计的民营中小微企业，几乎从未享受到金融机构的有效支持。

目前A股银行板块的平均市净率大概只有0.7倍，这意味着1.5万亿元如果躺在银行的资产负债表上，只会被市场理解为不良资产，市值不仅没有溢价，还要被打个七折。但是，如果这1.5万亿元能够转移为实体产业的利润，特别是进入高估值的新兴产业，那就意味着会出现巨大的溢价效应。当下的市场，无论生物制药还是科技消费，动辄都是几十倍上百倍的市盈率，这个巨大的资本杠杆可以将1.5万亿元放大到什么样的市值规模，几乎是不可想象的。当然，这只是一个理论上的假设，事实上，让利不可能全部流入上市公司，也不见得一定会流入高溢价行业，但无论如何，由于银行板块的极低估值，意味着只要实现银行资本转出到其他实体领域，必然导致市场整体估值的提升。站在国家层面来看，这次的让利，是对国民经济的行业利润表进行重塑，也是对资本市场底层资产进行的二次优化，体现了将社会资本从低效率领域向高效率领域坚定转移的国家意志。并以此为抓手，充分利用资本市场的杠杆效应，对新兴产业提供全方位的金融支持，某种程度上来说，这次的让利也是给中国资本市场发放的巨大红包。

受累于疫情影响和全球的经济衰退，中国经济当前也同样压力巨大。但与西方自由主义经济体不同的是，中国政府拥有对经济的强大调控能力，除了传统的货币政策和财政政策，数量庞大的国有资产和自主发达的金融体系，将会在对抗经济下行过程中贡献重要的中流砥柱之力。这次国务院主导的银行让利，就充分展示了政府的协调能力，要求金融机构不仅仅是市场主体，充分享受经济发展的红利，更应该具有高度的政治觉悟，在国家面临困难的时候，也要具有自我担当，主动反哺实体经济。这一周来，北上资金一直在持续买入A股，周五尾盘更是呈现加速流入之势，这也表明，无论国内机构还是国际资本，对于中国经济以及中国资本市场的未来，都给予了充分的认可，拥有坚定的信心。

谈谈银行和地产

2020-08-08

2020上半年，虽然有中美贸易冲突和新冠肺炎疫情的不利影响，中国股市依然逆势走强，上证指数再次站上了3000点整数关口，并创出了两年半以来的新高，消费、医药、科技等景气产业轮番走出结构性行情，市场呈现出优质资产强者恒强的马太效应。然而，与此相反的是，占据中国资本市场巨大权重的银行和地产股，这两年来却持续疲软，银行板块的平均估值甚至已经跌到了只有0.65倍的市净率，地产股的估值也勉强在净资产之上，双双处于历史低位。

由于银行和地产股的走弱，使得坚持低估值策略的投资者这两年的收益很不理想。2020年上半年，超配银行和地产的投资机构几乎普遍录得负收益，不仅未能分得这一波牛市的红利，甚至还跑输了大盘。

很多朋友对此感到非常困惑：占据A股上市公司利润贡献半壁江山的银行业，为什么会出现如此低迷的走势?

事实上，过去的很多年，银行和地产都是一条船上的利益相关者。20世纪90年代启动住房改革之后，中国的城市化走上了高速发展之路，30年来，房地产行业不仅创造了巨大的社会财富，也成为拉动中国经济高速增长的重要动力。地产开发是典型的高杠杆行业，需要大量的资金支持，于是天然成为中国商业银行最重要的客户。20世纪八九十年代，中国银行业一度陷入了技术性破产的困境，而受益于城市化的狂飙突进，中国银行业终于摆脱了长期的经营性亏损，并在完成公司治理结构的现代化改造后，不断发展壮大，以“工农中建”为代表的国有商业银行，甚至已经成长为全球的行业巨头。可以说，没有中国的房地产改革，就不会有中国银行业数十年来的蓬勃发展。

从数据来看，银行的体量越大，对地产行业的依赖度就越高。“工农中建”四大行地产相关贷款（公司端+零售端）占全部贷款的比例都超过了35%，占据行业前六位，其中建行甚至达到了惊人的43%，高居榜首。

如果全口径统计的话，预计银行体系接近一半的资金都投向了房地产行业。非银金融体系大多是商业银行的影子，在商业银行将大量的金融资源投向房地产行业时，非银金融机构同样也在扮演着火上浇油的角色。毫不夸张地说，中国金融体系事实上已经被房地产行业所绑架。

虽然中国的银行在城市化的进程中获得了巨大的利益，但也正是由于过度依赖地产行业，导致中国银行业陷入了多年来业务模式单一的窠臼而不能自拔。大家都习惯了躺在地产上赚钱，缺乏拓展新业务的动力，非息收入占比很低且一直没有显著的增长。长期的金融垄断使得银行缺乏对于商业价值的判断能力，风控模式简单说就是一看资产，二看政府，所以地产和国企成了最重要的商业资源。民营企业虽然商业模式更好，市场效率更高，却在金融资源配置被扭曲的大环境下遭遇了劣币驱逐良币的窘境，成了后娘养的孩子，很难获得金融体系的有效支持。

自从2015年国家启动供给侧改革以来，对于地产行业的金融调控越来越严厉，这也直接导致了银行躺在地产上吃红利的好日子结束了，银行业也从此告别了过往两位数的高速增长。一系列监管政策的出台，表明了国家对于“房住不炒”的坚决态度，鼓励商业银行脱虚向实，对除房地产之外的实体经济要切实提供有效的金融服务和资金支持。如果说，过去的30年，中国的经济发展主要立足于增长速度和做大规模，银行和地产的联袂显然做出了积极的贡献，但从2015年供给侧改革开始，中国经济已经从“强调规模”过渡到了“提质增效”的历史阶段，这对新形势下的银行业也提出了新的更高的要求。目前市场对于银行的低估值，某种程度上是反映了对其未来业务转型不确定性的预期。

更深入地来看，银行的问题本质上是中国经济二元制的结构问题。因为有政府和国企这样非市场化的强信用主体存在，造成了市场信用评价机制的扭曲，银行站在自身利益的角度，业务偏好并不是以效率为导向，而是以风险为导向，于是造成了金融资源对国有企业的过度倾斜。因此，根本上来看，如果说上一次中国商业银行大发展的契机来自住房改革，那么下一次大的发展机遇会来自国企改革。只有给予不同所有制企业同样的国民待遇，商业银行才会立足于市场本身来优化金融资源的配置，才会真正提升自我商业价值判断能力和金融服务意识。

国企改革的核心是治理结构优化和人事改革。国企目前最大的问题是政府对企业市场经营行为仍然存在过度干预，企业的负责人几乎都还拥有行政级别。长期来看，政府要转变角色，退出国企的日常经营管理，从资产运营者切实转化为资本管理者，厘清股东和职业经理人权责利的边界，将过往对企业经营目标的考核，转变为对经理人资本回报率的考核。只有将企业的经营权和所有权结构进行充分优化，彻底褪去国企的行政角色，并解决企业人员双编制的历史遗留问题，国有企业才能够被有效还原为市场主体。举例来说，什么时候，当我们看到央企的一把手实现了完全的市场化招聘，不再通过体制内委任，国企员工和民企员工的薪酬福利体系走向一致，这就标志着国企改革取得了巨大的成果和进步。

在改革开放不断深化的新形势下，中国的商业银行也必须继往开来，不断提高自身的业务水平，大幅提升投行业务和服务性收益，同时具备走向国际市场的格局和能力。随着中美战略博弈的不断深化，中国的商业银行也必然要走出国门，融入人民币国际化的历史进程。汇丰对于华为的构陷，使得中资企业海外业务的金融保障受到极大的安全挑战，大幅提升了中资银行走向国际的刚性需求。美元的金融霸权，是建立在服务于全球的金融体系之上，而国际性的商业银行在这个体系中扮演着至关重要的角色。全球前十大商业银行，除了中资银行外，几乎都是国际化的金融集团，业务和收入遍布全世界。因此，中资银行在未来一定要具备国际竞争力，为中国经济的全球化提供必要的支持和保障。相信假以时日，随着中国经济的成长和人民币国际化的深入，在国内不断增强了内功的中资银行必然会走向世界，涌现出跨国金融服务的中资巨头。

如何看待美元的下跌

2020-09-08

自2020年3月创出102.99的年内高点之后，美元指数就一路走弱，近期已经快跌至90关口，年内跌幅已经超过10%，并创出了近两年半以来的新低（见图2-3）。美元作为全球最重要的国际储备货币，其涨跌对于世界金融市场和全球宏观经济都有着举足轻重的影响，特别对于美国来说，美元更是其在全球维持金融霸权最重要的工具。如何看待美元未来的走势，我们来简单分析一下。

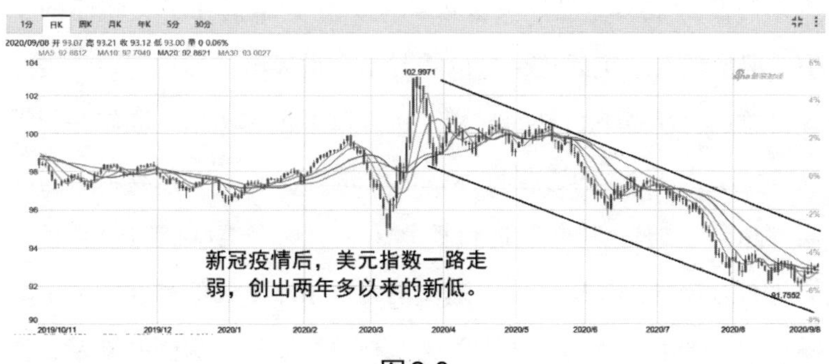

图2-3

数据来源：新浪财经。

2020年对于美元走势首要的影响因素显然是新冠肺炎疫情，突如其来的疫情对于美元的走势起到了催化剂的作用。疫情在美国暴发伊始，由于避险情绪所导致的资产抛售和美元荒，使得美元指数短期飙涨。然而，为了拯救疫情下美国的经济和资本市场，美联储再次开启了无底线的量化宽松，这成为疫情之后美元转跌最大的推动力。据不完全统计，2020年美国为了对抗疫情和经济衰退，增发的美元已经超过了3万亿。事实上，长期来看，美元的无节制发行必将导致全球美元体系的崩溃，而疫情的出现，显然加速了这一历史进程。

美联储主席鲍威尔上周的讲话，可能会成为美元步入新的历史时期一个重要的标志性事件。鲍威尔明确指出，为了拯救美国经济，联储在发行美元或者制定货币政策时，不再考虑2%的通胀制约。某种程度上说，这个表态带来的深远影响不亚于当年美国宣布美元与黄金脱钩。多年来，自从布雷顿森林体系解体之后，美元的发行事实上已经失去硬约束，完全掌握在了美联储的手中。但虽然有了美元这个可以随时割全世界羊毛的大剪刀，美国政府总还得注意下自己的吃相，所以过去很多年里，联储在货币政策中引入了2%的通胀目标，也就是说，如果美元放水引起的通胀达到了2%，就必须进行控制了。但这次美联储对通胀目标的放弃意味着，美国政府在滥发美元这条路上已经彻底失去了节操。天下苦美元久矣，从当年美元与黄金脱钩，到强制绑定石油贸易结算巩固美元霸权，再到现在无底线的印钞乃至放弃通胀目标，美国这一副令人讨厌的嘴脸，不由得让人再次想起了当年美国总统尼克松的名言：美元是我们的货币，却是你们的问题。

第二个影响美元走势的因素是美国大选。美国历来的政治传统，是政府和联储各司其职，联储在金融和货币政策制定方面享有高度的独立性。然而，自从特朗普上台以来，不断越位干预联储的政策走向，事实上已经将联储变成了实现自我政治目的的工具。如果以拜登为代表的传统建制派当选总统，显然会对特朗普之前的政治遗产进行清算纠偏，美元退出量化宽松的时间表有可能大幅提前，但如果是特朗普获得连任，按照其一贯的任性妄为，为了刺激美国经济和维持股市泡沫，量化宽松和弱势美元将会成为常态化的工具选择。我们甚至可以大胆预测，在特朗普的下一任期内，美元走向负利率将会成为大概率事件。

事实上，真正构成对于美元走势长期挑战的因素是中国的崛起。中国经济实力的不断增强和人民币国际化的稳步推进，是未来国际货币体系演进过程中最大的未知变量。中国的崛起对于全球经济和地缘政治格局的改变是空前的，这也是为什么美国要极力对中国进行打压的核心原因。当中美脱钩已经成为全球第一和第二大经济体既成事实的战略选择，未来对于美元的影响，显然比对人民币更大。现实推演的结果可能会让美国大失所望，全球产业链的“去中国化”未必成真，但全球金融体系的“去美元化”却可能成为大势所趋。

目前欧盟正在不遗余力地推行与伊朗的双边货币结算体系，目的就是要绕开美国SWIFT系统的限制，避免美国将美元作为干涉国际多边贸易的霸权武器。而疫情之后，由于美国无节操地

“放水”，美债的吸引力也在大幅下降，世界各个主要经济体，包括中、日、德、法等国都在纷纷抛售美债，俄罗斯甚至进行了清仓式减持，全球的“去美元化”之路已然开启。

随着中国从疫情中快速复苏，借助“一带一路”建设的辐射效应，人民币的双边互换正在域外快速推进。随着人民币加入SDR，人民币资产逐渐成为周边国家及“一带一路”沿线国家央行分散投资及外汇储备的选择。韩国、新加坡、泰国、菲律宾、印度尼西亚等国家央行已将人民币纳入外汇储备。静态来看，虽然人民币现在还处于较为弱小的位置，在全球储备货币的占比只有2%，与美元的60%差距明显，但从发展趋势来看，人民币正处于快速成长期，未来十年在全球的储备货币占比有望提升到10%，而美元则显然已步入颓势。可以预见，美元和人民币的较量将会在未来很长一段时间成为全球货币体系角力的主线。

说到底，人民币和美元的博弈背后实质上是中美两个全球最大经济体之间的竞争和对抗。中美贸易战已经持续了两年多时间，从现实的结果来看，美中之间的贸易逆差反而在持续扩大，而中国内部政治稳定，经济繁荣，有望成为2020年全球唯一实现GDP正增长的规模经济体。反观美国，疫情持续肆虐，宏观经济大幅衰退，国内政治纷争、族群撕裂，对外退群甩锅、大搞流氓政治，在这场主动挑起的对抗中，美国显然没有获得什么值得炫耀的战利品。

事实上，我们要真诚地感谢特朗普。“上兵伐谋，其下攻城”，两千多年前的《孙子兵法》早就告诉我们，给予敌人最大的打击莫过于攻心，令其内部分裂瓦解，以至不战而屈人之兵。然而，特朗普对于中国这样的战略对手，一上来就直接采用攻城之术，不仅过早暴露了自身的底牌，还帮助对手完成了内部统战，将中国塑造得更加团结，提高了对美国的战略警惕。显然，特朗普的乱拳打法，虽然短期对中国会造成不小的影响，但长期来看，对于削弱美国的战略优势，提升中国的战略对抗能力起到了极大的帮助作用。

在具体的战术上，特朗普抛弃了过往有打有拉的分化策略，对来自中国的组织、企业和个人进行了无差别打压，彻底失去了中国人对于美国曾经的向往和热情，甚至连不少曾经的精美公知都不断反水。可以说，站在美国的立场，将全体中国人民塑造成美国执政阶层的敌人，这是特朗普政权最大的战略失误。所以，中国人民其实真心希望特朗普能够连任，只因确保其在美国的领导地位对于保障中国的历史性崛起具有极其巨大的战略意义。

在任何体制和意识形态下，精英治国都是确保一个国家维持稳定发展的根本保障。然而，不管是从治国理念还是施政手段来审视，特朗普在政治上都不能被称为精英，甚至离成熟都差得很远。特朗普治下的美国，已然在加剧动荡和撕裂，如果内部矛盾不能够得到有效调和，美利坚合众国走向分裂也不是没有可能。事实上，特朗普的上台看似偶然，实则是美国社会内部政治斗争和族群撕裂的必然。能够让一个如此德行野蛮的政治暴发户成为国家领导人，这件事情本身也充分反映出当下的美国已然是危机重重。

天下大势，浩浩汤汤，我们相信文明和进步是人类社会永恒的追求和发展趋势，任何有悖于这个原则的人或事，终将会被扫入历史的垃圾堆。特朗普的时代终会结束，而无论美国、中国还是世界人民，都永远不会停下发展和前进的脚步。

谈谈中国制造业

2020–10–14

十一长假归来，受外围市场带动，A股市场高开高走。特别值得关注的是，制造业板块表现得尤为强势，隆基股份、宁德时代、立讯精密、三一重工、长城汽车，一大批代表中国先进制造的龙头企业纷纷在节后第一个交易日创出了历史新高。

与高科技行业的处处被动不同，中国的制造业是真正在全球具有比较优势的龙头产业。制造业水平决定了一个国家的工业化水平，虽然中国目前还是发展中国家，但却是世界上唯一拥有联合国产业分类中全部工业门类的国家，钢铁、玻璃、水泥等220多种工业品产能都处于全球第一。

改革开放以来，随着中国经济不断地融入世界，中国制造也在不断地发展壮大，毫不夸张地说，中国已经成为名副其实的世界工厂。然而，制造业大国不意味着制造业强国，仅仅十几年前，中国制造还是质低价廉的代名词。还记得2006年，笔者刚刚参加工作的时候，经常去逛深圳华强北，满世界的山寨手机，五花八门，琳琅满目，却没有一家能够与当时的诺基亚相提并论，一部杂牌手机的价格只有当时诺基亚旗舰机的十分之一。可谁能想到，短短十几年的功夫，从遍地山寨机，到贡献出华为、小米、OV（OPPO和VIVO）等世界知名品牌，中国制造居然占据了全球智能手机市场的大半壁江山，实现了史无前例的弯道超车。而当年的诺基亚，如今却早已是明日黄花，难觅踪影。

看不懂中国制造，就看不懂大国崛起背后的逻辑，看不懂世界未来发展的潮流。事实上，中国制造的崛起是时代的必然，回顾过往全球制造业的发展轨迹，大框架来看，全球产业链经历了从欧美到东亚（日韩台），再从东亚到中国的重心转移，其背后有着深刻的经济学规律，反映的是经济发展程度不同的区域和国家在全球产业链上依据自身的比较优势，充分进行市场化竞争的结果。从历史来看，这个转移过程一旦开启，至少要经历30年以上的时间。当下，正是中国逐步对全球产业链进行重组替代的历史阶段，因此，只要不发生类似于战争的极端危机事件，哪怕是强如美国，也很难阻止这股历史潮流，所谓的美中脱钩，只是地缘政治的博弈噱头，在商业层面上，任何企业家都不会愿意自绝于时代，置自身利益于不顾。

为什么全球化企业将产能从中国转移出去会如此之难？主要是因为中国目前具有两个几乎无敌的比较优势，一是业已形成的巨大的产业链集群效应，二是数量庞大的产业工人。

制造业的发展是典型的社会化分工的驱动结果，制造业越发达，意味着分工越细化，企业越需要依托产业链的协同实现利益最大化。一家制造业企业，真正的成本不是来自内部，而是隐性的外协成本。印度和东南亚国家虽然具有比中国更加廉价的劳动力优势，但制造业的整体配套水平远远落后于中国。目前从中国转移过去的产能，主要集中于产业链的下游，这其实是中国自身产业升级的必然结果，并不意味着中国制造业整体竞争优势的消失。恰恰相反，随着5G、大数据等先进技术在中国的广泛应用，产业链的集群效应正在得到显著的强化，中国制造目前的智能化水平已经处于全球的领先地位。事实上，当下的Made in China早已不是廉价产品的代名词，中国制造正在大踏步地走向“中国智造”。

另一方面，规模化的产业工人构成了中国制造坚实的人力基础。在我看来，中国制造的崛起有着深刻的国民性因素。毫不夸张地说，中国人几乎是天生的产业工人，不仅聪明，而且勤奋，有奉献精神，集体观念强，没有西方人强烈的自我意识，也没有宗教族群的出世观，放眼全球，单论业务素质，中国工人几乎没有一个能打的对手。如果大家对此还有所怀疑，建议去看看曹德旺的《美国工厂》，相信会对中国工人有全新的认识。很多人担忧随着中国快速地步入老龄化社会，人口红利也会迅速消失。事实上，虽然我们绝对的劳动力供给数量在降低，但相较于十几年前，劳动力的素质也在大幅提升。中国目前每年毕业的大学生超过了800万，位列全球第一，而每年培养的工程师数量超过了300万，超过了美欧日等发达国家的总和。几乎可以确定，至少未来的20年，巨大的工程师红利将会继续支持中国制造在全球建立起更加强大的竞争优势。

我所理解的中国制造，是从草根到主角的逆袭。从大炼钢铁到5G通信，从追赶到超越，中国制造用70年的时间，完成了发达国家200年的工业化之路。中国制造的特点，是从不因为自己的起点低就不敢直面竞争，面对强敌，善于独辟蹊径，敢于贴身肉搏，产品迭代快，服务意识强，用价格优势取得市场优势，再用市场优势取得技术优势。四平八稳的国际制造业巨头，在中国市场遭遇滑铁卢的比比皆是，并不是因为他们的产品做得不够好，而是因为他们从未面对过如此激烈的竞争。十年前谁能想到，富士康居然被自己曾经的打工妹逼得节节败退，眼看着工业富联的市值被立讯精密大幅超越。事实上，富士康代表的是20世纪东亚代工模式的崛起，而立讯精密则是中国本土制造业快速发展的典型，是全球制造业中国化后的改造与升级，因此也更加适应于中国市场自身的特点和需求。

中国市场是制造业企业最好的练兵场和试金石。天然的大一统市场，具有无与伦比的规模效应，但竞争之残酷也超乎想象，任何细分行业从千军万马杀到寡头垄断，背后都是无数中小企业的消亡史。可想而知，能在中国这个竞争如此激烈的市场中生存下来的企业，都是人挡杀人、佛挡杀佛的狠角色，而在国内完成能力建设后，中国制造必然会走向全球。干翻国际同行，甚至颠覆整个行业，这是这一代中国制造业企业天然的宿命，也是时代赋予的使命和机遇。

从投资的角度来看，中国制造在全球都是具有竞争优势的核心资产，是国际资本不可能绕开的必要配置，这也是为什么近几年美的等龙头企业被外资不断买爆的直接原因。投资者在选择制造业标的时，切记遵循龙头原则，只买行业老大，不要因为贪图便宜，选择二三线的小公司。长期来看，由于规模优势，只有行业龙头的成长性是最确定的，大量的行业竞争者反而会在未来面临洗牌出清的风险。从大逻辑讲，投资就是投国运，中国崛起必然伴随中国制造的崛起，我们相信，中国的制造业龙头一定会走向世界，并带给投资者超乎想象的回报。

关于健康和投资

2020-11-12

前些日子，由于运动不慎导致了腰肌拉伤，一直都感觉腰背不舒服，偶然看到楼下开了一家腰椎理疗中心，就去做了下按摩。按摩的老中医说我有严重的椎间盘突出，非要给我正骨，还没等我琢磨明白是怎么回事，就感觉腰椎突然被使劲戳了几下，像被电击了一样。当天按完之后，我就疼得汗流浃背下不了床了。回家之后好几天，腰背都在剧烈的疼痛，而更让我意外和不安的是，右腿居然也出现了酸麻困乏的症状。我赶紧去医院做了核磁检查，椎间盘虽然有些膨出，但并不是太严重，但正骨按摩本身却造成了我的坐骨神经水肿和损伤，以至于引起了右腿的不适。

于是意外开启了与病魔作斗争的日子。整整二十多天，不停地打针吃药按摩理疗，两只手还由于打点滴出现了静脉炎，血管出现了硬化，十几天都是又疼又肿，天天在家敷土豆片和热水袋。而右腿的症状一直都在反复，令自己十分痛苦，焦虑不安。我总想着一治疗马上就见效，但事实上，与皮肤和肌肉相比，神经的自愈能力是非常弱的，一旦出现损伤，往往需要漫长的恢复时间。

贾平凹在《五十大话》中说过：人在身体好的时候，身体和灵魂是统一的，也可以说灵魂是安详的，从不理会身体的各个部位，等到灵魂清楚身体的各个部位，这些部位肯定是出了毛病，灵魂就与身体分裂，出现烦躁，时不时就准备着离开了。确实，当自己也真正地经历了病痛的折磨，就能够理解什么叫魂不附体了。

身体的慢性疼痛，可以让人的心情沮丧到绝望。事实上，真正痛苦的不是症状本身，而是久久没有改善带给心理的折磨。人在面临未知的身体不适时，往往会生出最悲观的预期，这其实没什么奇怪，恰恰是我们对身体的一种自我保护，是面临潜在危险时的一种应激反应。事实上，大多数时候，实际情况并不如我们想象的那么严重，但这种心理压力本身却成为我们焦虑的重要来源。

这和我们做投资的道理是一样的。长期来看，市场的波动对于价值投资来说影响是很有限的，但每一次熊市的到来，都会让我们内心产生不安和对未来更加悲观的预期，市场频繁而漫长的波动，会让投资者忽视了对被投企业的确定性评价，而是会更多地去关注市场的涨跌，失去了理性的自我判断。事实上，市场的下跌从来没有想象的可怕，我们内心的自我恐惧比市场本身更可怕，对于价值投资者来说，很多非理性的投资决策往往都发生在被自我恐惧深深折磨的时候。

病来如山倒，病去如抽丝。一旦得了病，按照专业指导进行了相应的治疗之后，唯有耐心等待身体的自我好转，忍耐也是治疗的一部分，这是不以任何主观意志为转移的客观规律，期待迅速好转的意念只会给我们的情绪和治疗过程带来更多的负面影响。一样的道理，价值投资除了做好专业的判断和决策之外，剩下的事情唯有等待，只有熬得住时间的折磨，才能收获时间的馈赠，期待一夜之间就可以实现财富自由，本身就是对价值投资最大的误读。

这场疾病彻底改变了我的生活状态，甚至于改变了面对人生的态度。人的身体状况一旦持续欠佳，几乎会丧失掉对于任何事物的热情，更不要提日常的工作。投资工作本来是自己最钟情的事业，从来都是乐此不疲，然而当身体陷入与疾病的纠缠中时，似乎一切都不重要了，我甚至连看一眼股市的兴趣都没有了。所以，健康是人生一切幸福的基础，爱惜身体才是最大的价值投资。

平时生活中，不要轻视任何身体发出的异常信号，有问题千万不要拖，一定要去找专业大夫积极治疗。不要相信高手在民间，随便找个江湖郎中来糊弄自己，专业问题一定要靠专业人士来解决。民间有没有高手，当然有，但要看和谁比，一龙再牛也是个业余选手，真的去打MMA（综合格斗），怕是连僧裤都得掉下来。投资也是一样，所谓的民间股神大都是传说，真有做得不错的，也很难突破业余选手的天花板，和动辄几十亿量级的专业基金相比，规模化的管理能力显然存在巨大的差距。连小学生都明白，100万和100亿是不一样的。

人在身体状态良好的时候，往往会忽视健康。事实上人生苦短，每个健康的日子都是生活的馈赠，需要好好珍惜。我们不知道明天和意外哪个先来，而能够做的，就是不要浪费了今天。时不我待，行动起来！在身体尚可以提供足够保障的前提下，尽量去完成更多的人生规划。原本，这本书的出版对于我来说没有任何时间上的压力，纯粹是个人思考和经验总结，但这场疾病改变了我的想法，让我真正地下定了决心，一定要在今年把它完成。自从生病以来，虽然内心的焦虑有增无减，但总归该吃吃，该睡睡，尽量把心静下来，不给身体恢复健康增添额外的负担，努力相信自己的身体终会克服当下的障碍。

不要浪费人生中的每一次困难和危机，它会让我们变成更好的自己。过去，熬夜无度、饥饱不匀是常事，但自从生病以来，逼着自己养成了早睡早起、晨练、吃早点的生活习惯，如果把健康看成是最大的投资，那么这场病痛于我来说，具有巨大价值和积极意义。同样，在投资生涯中，我们也不要浪费每一次熊市，它给我们提供了以更高的性价比获得优质资产的机会，而这种机会，或许一生都遇不到几次。

Part 3

股票市场年度分析

2018年股市结语

2018-12-30

2018年终于结束了，这一年对于中国股市来说，是凄风苦雨的一年，上证从年初的3587点一路杀下来，走出了一波清晰的下跌行情（见图3-1）。整个一年之内都没有看到像样的反弹，前期的每一次高点都构成了之后难以逾越的阻力，压制指数一路跌穿了2500，年K线几乎收在最低点，全年跌幅超过了24%，熊冠全球。

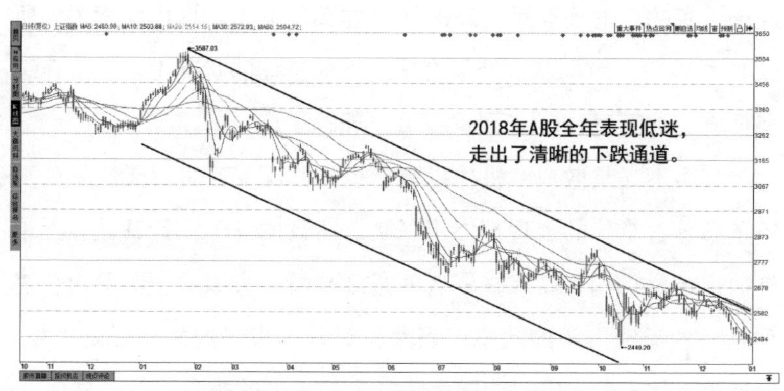

图3-1　2018年中国股市走势图

数据来源：同花顺iFinD。

回溯历史，在中国股市过去30年的走势中，很少有连续一年几乎从头跌到尾的情况，今年的跌幅已经可以排在有史以来的第二位，仅次于2008年的–65%。2008年的疯狂下跌可以理解，毕竟之前的2007年，经历了中国历史上最大的牛市，指数上涨了近100%，但2018年的大幅下跌就有点儿欺负人了，毕竟2017年市场几乎没怎么涨，大家亏掉的不只是利润，连老本都没有了。所以2018年对整个市场参与者的伤害是非常大的，不仅仅是体现在财务层面的亏损，更重要的是严重打击了大家的信心。

事实上，最近关心股市的朋友已经非常少了，除了从业人员，身边的朋友参与股票投资的寥寥无几。个人的主观体验，全年来看，3000点附近的时候关注股市的人是最多的，经常有朋友主动来询问对市场的意见和看法，而到了2500点基本上就全消停了。3000点进场抄底的，到2700的时候基本就套牢了，而2700进场抄底的，也基本死在2500了。韭菜割完了，地也就荒了，所以11月以后，市场基本处于交易量不断萎缩的状况中，沪市连续多日成交都不到1000亿元也就可以理解了。

其实不光是散户，机构投资者也同样深受其害。无论是公募还是私募，全年的表现都惨不忍睹，清盘的基金不计其数。无论是散户还是机构，站在投资者的角度来看，大家对中国股市普遍都是一种极度失望的状态。当然，对资本市场的失望只是表象，背后更多体现着大家对中国经济基本面未来的悲观预期。

很多人对中国经济未来的担忧来自外部环境的恶化，特别是中美贸易摩擦的不确定性，其实，中国经济真正的问题，还是来自内部。目前中国经济最大的隐患，仍然是巨大的债务风险。虽然经过了3年多的去杠杆，我们全口径的债务仍然超过GDP的250%。过去的40年当中，我们的经济本来有数次步入衰退调整的机会，但我们一直通过货币和财政手段逆向干预，避免经济硬着陆，但这种宏观风险的积累终究是要被清算的。就像美股，过去几年累计的涨幅，可能一年就会给你全部跌回来，资本市场的风险永远都不会消失，只能转移和对冲，它只要涨上去了，就一定意味着风险。对于中国经济来说，我们累积了40年的债务风险，总要找到一个出口去释放，资本市场作为最直接的通道，自然首当其冲。从2015年开始，中国经济已经降了三年半的杠杆，长期来看，这对于中国经济的好处是不言而喻的，但短期来看，资产价格由于流动性的恶化而面临下行压力也就成为必然。

事实上，这种短期的阵痛已经实实在在对我们的资本市场，包括每个参与主体都造成了影响，甚至对实体经济造成了巨大的伤害。为什么这么说呢？因为中国目前的上市公司，几乎汇集了过去40年改革开放当中最优秀的一批民营企业，它们已经成为中国经济发展的中流砥柱，而由于整体股价的大幅下跌，导致了这些企业两个能力的显著丧失。第一个是企业的融资能力，无论是发行债券还是发行股份，通过资本市场获得企业扩大再生产资金的通道几乎关闭，融资成本大幅增加。而更需要关注的，是第二个能力——企业的战略经营能力，在面临公司股价大幅下跌的情况下会显著弱化。很多上市公司的大股东在企业融资过程中往往都大比例进行了股票质押，一旦股价大幅下跌，公众公司的管理者就没有心思聚焦于企业实体层面的经营，天天都在琢磨着怎么做好市值管理，防止质押爆仓，甚至丢掉企业的控制权。另一方面，因为股价太低，那些实际控制人持股比例较低的上市公司，随时面临被恶意收购的可能，直接在市场上买你的股票，超过5%就可以进入董事会，甚至发起要约收购，这对于实际控制人和经营者来说，是一种巨大的心理负担和外部干扰。所以股权集中度极度分散的企业，在熊市当中的压力是特别大的。还有一个重要的影响，体现在企业对外的兼并收购，因为股价过低，发行股份购买资产的成本大幅提高，所以我们看到今年以来市场中的并购案例在大幅下降。整体来看，如果这种情况长期持续下去，对于中国经济提质增效、优化经济结构会带来显著的负面影响。

无论如何，2018年已经过去了，那么2019年的市场会如何表现呢？我们尝试从三个方面来分析一下。

第一，是政策和监管。中国股市历来都是一个对政策导向极其敏感的市场，这也是多年来的中国特色，虽然我们一直在诟病这一顽疾，但短期来看，市场参与者除了去适应，试图改变现状和抱怨没有任何意义。

从监管的角度来说，没有不希望把中国股市搞好的理由。特别是今年，从最高管理层到证监会，都高度重视资本市场的发展问题。从中央经济工作会议之后高层的多次表态可以看出，国家对于通过资本市场提振实体经济，改善营商环境的动机已经十分迫切，绝不能容忍股票市场这样无休无止地跌下去。

今年以来，证监会已经在密集推动救市措施，主要体现在两个方面。首先是供给侧改革，就是要大幅提升上市公司质量，为中国股市引入真正的优质资产。从“中概股”回归，到独角兽通道，再到明年被寄予厚望的科创板，无一不体现出管理层对资产端的重视。无论现实的落地情况如何，管理层救市的这个逻辑是没有问题的。上市公司本身是资本市场发展的基础，这么多年来，我们有太多的优质资产流失到了海外市场，而发行的非市场化和退市机制的不完善又导致了A股市场中遍地垃圾的尴尬局面，人为扭曲了市场自身的遴选机制。所以抓好上市公司的质量是救市的根本，这确实是切中要害的一刀，但这一刀一定要交给市场，如果还拿在监管者自己的手里，那相当于砍在自己身上，和自宫没什么区别。

很多朋友担心明年的科创板推出对A股会造成更大的利空，我的理解恰恰相反，如果科创板确实能够引入代表新经济的优质公司，价格能够有好的表现，那么对于整个金融市场中的人民币资产都是一个正向提振，A股中的好公司同样会得到资金的关注。某种程度上说，市场现在缺的不是资金，而是人气和信心。

另一方面，监管对于需求侧同样在进行不断的政策优化。第一是放松管制，放宽准入资金，原来被赶出市场的妖精们都可以回来了；第二是减少交易干扰，对于市场上各类参与者的容忍度在大幅提高，不会动不动就给你扣个异常交易的帽子；第三是鼓励上市公司回购，也就是对于上市公司做市值管理持更加积极的态度；第四是引导长期资金和海外投资者入市，优化市场参与者结构。

这些措施无一不是在刺激市场的需求，活跃市场的人气，希望把已经离开的投资者再召唤回来，入虚而兴实。刘士余年末对股民28年来不离不弃的感谢，未尝不是真实的心情表达。对于市场需求端的激活，2019年只会力度更大，我们甚至可以预期一下印花税的降低甚至取消。黄奇帆今年对于印花税改革表达过一些看法，他的身份一方面是学者，一方面也是官员，某种程度上可以看作是半官方的一种表态。

所以整体来看，明年的政策面上，对于资本市场应该是全面利好的定调，至少是一种正向的预期。中国股市的管理者历来有逆向干预的习惯，涨多了，就给你查配资、降杠杆、捉妖精、去通道，跌多了，就给你暂停IPO、降低印花税、救市促改革，所以面对2018年这一次可以载入史册的大幅下跌，明年政策面利好的确定性还是非常高的。

分析完了政策面，我们再来看看市场本身。首先是流动性。其实2018年，中国经济无论从实体还是到资本市场，流动性压力都是非常大的，这一方面是源于持续近4年来去杠杆的累积效应，另一方面是源于美元处于加息周期当中所导致的资金流出。回头来看，今年我们的货币工具的调节空间是极其有限的，一方面要降杠杆，去金融，货币政策持续从紧，不能降息，一方面又要防止市场出现过度悲观导致非理性下跌，不能加息，所以，在货币工具使用上就变得十分尴尬，表现在具体操作中就是欲盖弥彰，投鼠忌器。一会儿搞个SLF（Standing Lending Facility，常备借贷便利），一会儿是MLF（Medium-term Lending Facility，中期借贷便利），甚至搞出了TMLF（Targeted Medium-term Lending

Facility，定向中期借贷便利），这些操作貌似复杂，其实本质上就是在降息，都是在降低市场上资金的使用成本。而2019年，我们在货币工具的使用上大概不会这样左右为难了，其中很大的一个原因是美元的加息周期有望结束。这两年由于美国在不断加息，导致我们为了防止资本流出，不得不限制了利率调节的空间，而随着年末美股的大幅下跌，美国实体经济的降温，2019年市场对于美元持续加息的预期越来越弱，这意味着明年我们将有望面对一个比2018年要宽松得多的外部环境，流动性将会出现显著的边际改善。

然后是实体经济。2019年日子绝不会比2018年好过多少，首先是中美贸易摩擦，仍然是短期主导市场走向的重要风险事件。2018年只是嚷嚷下，就已经让市场半死不活了，而真正实质性的互相伤害2019年才会正式落地。90天时间很短，转眼一个月已经过去了，中美之间的贸易谈判能否有超出市场预期的进展，个人感觉未必乐观。中美之间的矛盾已经由单纯的贸易争端上升为全面的战略冲突，在这种标志着宏观历史走向发生转变的窗口期，很多常态下的思维逻辑往往会失效。

其次是我们自己的基本面表现。2018年11月份的数据显示，工业企业利润同比下降了1.8%，是近三年来的首次负增长。这表明中国宏观经济增长的动力仍然匮乏，指望工业对经济的显著拉动在未来很长一段时间内都将变得不现实。经过40年的改革开放，我们基本已经完成了供给驱动型的经济增长，单纯靠投资来拉动GDP，无论从效率还是规模上都难以为继。中国经济未来的方向在创新驱动和提质增效，如何解决创新的制度保障和生产要素的有效管理，是实现中国经济换挡升级的关键环节。相对于工业，虽然消费增速也在持续放缓，但从宏观经济的增长弹性来看，大消费和服务业仍然是中国经济最可靠的压舱石，特别是消费和新经济相结合的各类创新型的应用场景，有望产生值得更多期待的商业模式和上市公司。所以2019年的市场，仍然会出现显著的结构分化，做好行业选择是避免落入结构性陷阱的基本前提。

最近有朋友高度看好基建和5G板块。随着国家重启基建战略和5G牌照的发放，这两个板块在2019年确实可能有显著的表现机会。但我一直觉得，作为普通的投资者，投资驱动型的市场机会相较于需求驱动型的机会更难以把握，这不是喜好的问题，而是能力圈的问题。投资驱动型的商业模式相较于消费驱动，需要更加专业的行业研究能力，比如对于5G板块投资标的的挖掘，没有一定的行业功底，很难在现阶段对所投企业做出准确的价值判断，但需求驱动就不一样，我们作为普通消费者，对企业的商业价值往往能够感同身受，基于常识就可以做出相对准确的判断。比如对于大消费领域，无论是食品饮料、服装家电，还是基于个人生活的产品和服务，普通投资者的判断基本上也不会差得很离谱。这就像是搞田径，再差的选手参加跳远好赖都会有成绩，但去参加跳高，或许连上场的机会都没有。当然，随着行业自身的发展，往往会经历从投资驱动到需求驱动的历史阶段，相信随着5G基础网络的建设和完善，会有大量基于大带宽需求的应用场景和商业模式的出现，结合大数据、人工智能、AR/VR（虚拟现实增强技术）等创新技术，一定会诞生我们普通投资者也能看懂和理解的上市公司，就像4G时代的腾讯。

最后，我们从技术面再分析一下。2018年虽然是单边下跌的一年，但从更长周期的视角来看，中国股市仍然处于重心逐步抬高的历史阶段。我们从上证年线的走势中可以看出，20年均线是特别有说明意义的参考指标。有史以来，指数还从未跌破20年均线的支撑，反而是每次触及，都提供了长周期下极佳的买入时机，回顾过去的十年，出现这种机会的概率也就十之二三。所以，某种程度上，我们应该感谢已经过去的2018年，对于真正的价值投资者来说，机会都是跌出来的，或许在未来的几年里，我们会极度怀念曾经的2018，因为股票很难再有这么便宜的时候了。

2019年，一方面要高度重视精选资产，另一方面也要高度重视风控，特别是对于资金规模较大的投资者，如何选择通过交易工具来管理和对冲风险，或者在交易策略上引入风控措施，在实际的交易过程中将显得尤为重要。个人意见，绝不要去放杠杆，对于长期的价值投资者来说，没有杠杆就是最大的风控。

最近看了不少券商对于明年的市场预测，几乎都是偏乐观的态度，普遍看高到了3500点。说实话，券商作为卖方市场的利益相关者，基本上每年都是看多不看空的，预测往往不太靠谱，投资者还是需要有一个自己独立和客观的判断。笔者认为，基于对现实情况的综合考虑，明年大盘能够实现20%的上涨，就已经是相当不错的成绩了，也就是说3000点将会是明年多空双方争夺的重要战略区域，如果明年年底能够收在3000点上方，对于中国未来的长期慢牛行情将会奠定非常良好的现实基础。

沉舟侧畔千帆过，病树前头万木春。

2018，再见！ 2019，我们来了！

2019年股市结语

2019-12-31

时间过得真快，一晃神2019年就要结束了，又到了总结这一年收获得失的时候。

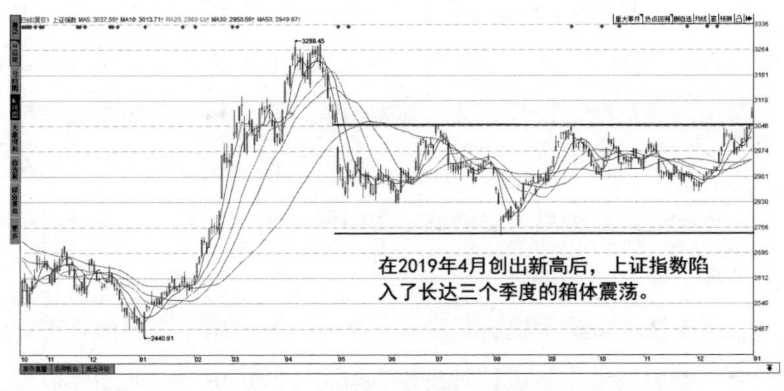

图3-2 2019年股市走势图

数据来源：同花顺 iFinD。

回顾2019年的中国股市（见图3-2），从去年底的最低点2440开始触底反弹，在第一季度走出一波久违的牛市行情，四个月时间将股指大幅拉升至3300点附近。但之后，在中美贸易冲突的负面影响下，指数步入下行调整，围绕3000点的多空争夺战再次反复上演，并一度回落至2733的年内低点。之后随着中美贸易关系的缓和，指数震荡上行，但最终仍然没有形成对3052缺口的有效回补，陷入了长达三个季度的箱体震荡节奏。

如果单纯从统计的角度来看，2019年的A股市场表现并不算差，上证指数全年涨幅超过20%，在全球资本市场中也算名列前茅，但落实到具体的投资收益，很多散户朋友的感受却是，只看到指数涨，却没有赚到钱。

事实上，第一季度的普涨行情，只是对去年估值错杀的大幅修正，并不是大家期待中的全面牛市。就在好多人摩拳擦掌，准备像2015年那样大干一场的时候，指数却掉头向下，再次套牢了一帮想炒股票赚快钱的韭菜。强者恒强，弱者恒弱，绩差股并没有在今年的行情中受益，吗啡效应去得很快，很多垃圾股甚至在第一季度后不断创出历史新低。中国股市鸡犬升天的历史已经彻底结束了。

结构性牛市这个说法其实并不准确，好股票本来就应该有好价格，差股票本来就应该被市场抛弃。A股历史上，业绩和股价倒挂的状况，本就非有效市场应有之常态。过去的几十年，中国股市其实是不正常的，股权分置、控制供给、高价发行、炒作盛行，股票市场沦为了投机资本的套利工具，而非优化资源配置的有效场所。从2017年开始，白马股行情才真正标志着中国资本市场价值投资的回归，步入了良性发展的历史阶段。很多人吃惊于格力电器这几年的涨幅，市值从2015年的700亿元飙升到了今年的4000亿元，四年涨了六倍，觉得太不正常。事实上，2015年之前，格力电器的动态市盈率长期在5倍以下，你认为一家连续十多年业绩保持20%增长，贵为中国白电行业翘楚的公司应该值多少钱？难道只值3~5倍市盈率？垃圾股可以炒到天上，真正的好公司却无人问津，中国股市就是因为不正常得太久，当它开始变正常的时候，大家反而有些不习惯了。

3000点一直以来都是中国股市重要的分水岭，一旦站上3000点，看多的情绪就开始高涨，跌破3000点，看跌的情绪就开始蔓延。今年对3000点的反复穿越将近10次，是A股市场有史以来最多的一年，这也从另一个角度折射出今年市场的迷乱和纠结。很多人关心指数的高低，特别是上证指数，往往将其作为自己投资决策的重要参考。由于上证指数是综合指数，其对A股的上海市场几乎是全覆盖，这意味着，资金对于指数的推动作用被显著稀释。而当前的A股仍然处于历史性扩容的窗口期，未来市场对资金的存量博弈将更加激烈，极有可能导致极端的二八甚至一九行情，能够得到主流资金眷顾的股票不会超过1000只，这种情况下，指数要走出大行情几无可能。

另一方面，成交量是衡量A股上涨潜能的重要参考。随着A股的大幅扩容和非流通股的不断解禁，市场体量与日俱增，十年前的3000点和目前的3000点所对应的市场规模已经有数倍的差异。2008年A股总市值大概是18万亿元，而同样位置的2019年，市值规模已经到了60万亿元。这也意味着，要想让指数出现以往同等幅度的上涨，需要匹配的资金量也在成倍增加。回顾历史上的几次大牛市，日成交量都创出了当时的天量，今年第一季度的行情显然也伴随着成交量的显著放大。但相较于2007年上证2700亿的日成交推升指数到6124点，2015年13000亿推升到5178点，今年的5200亿却只将股指推到了3288点，之后的成交就一路萎靡，再次回到了去年以来1200亿的地量水平。

事实上，2015年的成交量由于大量使用了杠杆资金，其超过万亿的日成交不仅在历史上，也有可能是未来很多年的峰值，短期几乎没有再次被超越的可能。合理的参考应该是今年第一季度出现的高点，也就是说，经过这几年大幅的去杠杆之后，沪市能够充分激活的日净头寸资金在5000亿元左右，这大概也就是未来若干年沪市日成交的上限。这样的量能，想推动上证再创历史新高，显然缺乏足够的说服力。

每年年底都是卖方喊单的高潮期，甚至有券商已经将明年的指数看高至4000点以上，而事实上，我们回顾历史就会发现，在中国股市30年的历史中，上证在4000点以上的日子屈指可数，总共加起来也就一年时间。个人观点，除非调整上证的计算方式，由综合指数改为成分指数，否则在看得见的未来，上证大概率很难突破3600点。展望2020，理性的预期，上证能够突破3288就非常值得庆祝了，更大的概率，指数的运行区间会保持在2800到3400之间。

事实上，看指数做股票本身就是一个伪命题。首先，个股和指数的相关性，由于巨大的分母效应被显著降低。其次，我们参与股票买卖，本质上是投资公司而不是投资指数，用指数去决定一个公司的好坏本身就犯了因不对果的逻辑错误。

其实回顾真正的好公司，历史走势几乎和指数毫无关系。一大批优质白马股，在过去的十年走出了完全靠业绩支撑的独立行情，从技术图形上看，和上证指数几乎是完全不同的两个世界。所以，对于真正想在二级市场获得投资成就的朋友，忘掉指数期待，重视个股研究才是守正之道。

由于工作的关系，很多人经常找我聊天，希望能够给些有益的投资建议，老实说，对于大多数人来讲，我的建议是珍爱生命，远离股市。无论你曾经为中国股市做了多大贡献，无论情感上如何难以接受，散户朋友们不得不接受的一个事实是，中国股市去散户化的历史大幕已经拉开，很多人终将成为资本市场的弃儿。股票市场注定要被机构和专业投资者所主导，去散户化也是中国经济健康发展和资本市场国际化必然的一部分。所谓术业有专攻，过去全民皆股的盛况本身就是不正常的，如果连卖茶叶蛋的老大娘都在成天炒股票，我们这个社会的虚火该是有多旺。各司其职，各归其位，是一个经济社会良好运作的基础。

做好扎实的基本面研究是在股票市场获得长期投资收益的不二法则。很多散户朋友往往天真地以为，股票被套牢没关系，迟早都会回来的，事实上，一个有效市场中，好股票被错杀的概率远远小于踩雷掉坑的概率。股价回来的前提是你拿的是好股票，但很多人甚至连公司主业是干什么的都不清楚，你能指望他买到什么好股票？自己不努力，套牢了指望着总会有解放军出现的日子，已经一去不复返了。券商是做卖方生意的，当然希望来炒股的人越多越好，而这个残酷的事实，他们却永远不会告诉你。

事实上，整体来看，今年基金的表现远远好于大盘，买股票不如买基金的现象在2019年尤为明显，而未来，这一现象很有可能将成为常态。对于一无精力、二无能力的散户朋友来说，如果真的想参与股市投资，去买些基金，特别是被动配置型的行业ETF基金或许是更靠谱的选择。

今年市场最大的亮点，莫过于海外资金的持续杀入，从MSCI到标普，外资机构纷纷大幅提高A股在资产组合中的占比。A股国际化正处于不断深化的历史进程当中，年末甚至创出了北向资金连续29天净流入的纪录。在本地参与者还处于高度怀疑中时，外资却在坚定不移地进场抢筹，做多中国。当然国内的机构资金也在蠢蠢欲动，呼之欲出，随着国内保险公司、银行理财子公司、公募基金这些源头活水的不断注入，A股市场的资金结构将得到有效改变，这也为未来的慢牛行情奠定了最务实的基础。

事实上，引导长线资金大量入市，大幅降低换手率，是解决中国股票市场波动性过大和上涨动能不足的有效路径。这两年房地产市场在大力倡导“房住不炒”，其实参与股票市场也应该有这样的理念，股票是用来投资的，而不应该是用来炒的。

今年最大的焦点事件，莫过于中美贸易战。中美贸易摩擦对双方的影响是不同的，虽然这种冲突对双方实体经济都会带来伤害，但在资本市场上，却会由于双方博弈的动态变化改变国际资本的流向，体现在走势上，自然是谁占据贸易战的上风，谁家的股市就会表现得更好。很显然，从美股不断创出历史新高的结果来看，我们是处于博弈的弱势，无论我们自己嘴上多么不服气，但硬实力的差距还是显而易见的。资本市场中，事件驱动所造成的市场波动取决于该事件的影响级别，中美贸易战所造成的破坏显然是全局性的，从影响的时间周期来看，并不亚于当年的次贷危机。

美国对于中国的遏制和挑衅已经图穷匕见，特别是在香港和华为问题上所制造的混乱，反映出美国已经毫不掩饰自己全面反华的昭昭野心。其实，与美国的正面冲突迟早要来，早来比晚来更有利于我们自身的防御能力建设。很多人对于中国政府在如此敌视的外部环境下，还能够与美国达成协议感到意外，香港和新疆人权法案的出台，显然是要让中国难堪。确实，香港和新疆人权法案，对于民族感强烈的中国人来说，算得上是奇耻大辱，但决策层有效管控了民粹主义的泛滥，将人权法案和中美贸易谈判分而治之，称得上是有足够的战略定力。谁叫我们现在还是老二呢，能忍胯下辱，才成大丈夫，君子报仇，十年不晚，我们迟早会让美国人连本带利地还回来。

从中美谈判的进程来看，双方为了缓和短期压力，达成第一阶段协议的概率很大，但长期来看，很难实现真正的双边互惠，除非有一方做出巨大的底线让步，而这一方，大概率应该是中国，这条底线，就是结构性改革。中国经济发展到今天，二元所有制结构下的市场扭曲已经越发明显，甚至到了阻碍中国经济和社会进一步发展的地步。如果能够借助贸易争端的外力倒逼改革，促进中国经济要素分配的全面市场化，中国的改革开放将会进入一个全新的历史阶段。所以，某种程度上说，我们应该感谢贸易战。触动利益比触动灵魂还难，如果没有贸易战，很难想象中国政府会提出竞争中性原则，对国有既得利益集团进行系统性的解构。国企混改的成效很难进行短期评估，但可以确定的是，混改这条路一定会持续不断地走下去，这也是新时代全面建设小康社会的必然要求。

在国内的资本市场上，今年最引人瞩目的事件是科创板的推出。科创板从2018年进博会的提出到今年7月份的正式开板，仅仅用了不到一年的时间，创造了中国资本市场新设交易场所的最快纪录，由此也可以看出，国家对于科创板的重视和寄予的厚望。事实上，科创板的加速设立与中美贸易战有直接的关系，高层已经清醒地意识到，面对未来中美之间的金融战，我们缺乏有效的作战阵地。本来还寄希望于香港，但今年香港发生的反送中运动实在是令人失望，未来显然也难堪大任。新兴产业缺乏金融市场支持是中国一直以来的软肋，直接导致了这些年诸如BAT（百度、阿里巴巴、腾讯）等大量优质科技公司流失到了海外市场，而科创板的成功推出，将有效补齐中国科技领域资产证券化的短板。

科创板是试验田，既然是试验田，那么今年所取得的工作经验和成果一定会向主板、创业板以及新三板进行推广，乐观估计，至少创业板明年落实注册制的确定性应该很高。这对于加快A股市场的资产出清和去腐生肌会带来直接的推动作用，未来资本市场的壳价格将会贬到难以想象的地步，中国股市出现仙股的时代应该为期不远了。

接下来我们展望一下2020年。

首先看看宏观经济。

2019年的GDP增速延续了近年来的下滑态势，而从更小的统计周期来看，GDP从第一季度的6.4，到第二季度的6.2，再到第三季度的6.0，增速逐级下滑，疲态尽显。如果保持这样的滑落态势，中国GDP到2020达到100万亿元的目标基本上希望不大，所以从今年第四季度开始，政府进行经济托底干预的意图非常明确。2020年全国地方政府专项债的发行工作被提前到了2019年，就是在抢时间，赶进度，争取能够将明年的GDP增速保持在6%以上。年底的中央经济工作会议，也明确了稳增长的必要性。从这些措施和表态来看，明年保证GDP增速的止跌企稳已经成为政治任务。由此判断，2020年宏观经济尽管仍然面临很大的下行压力，但财政对于经济的托底作用将会显著体现，基建和民生工程会再次掀起一轮建设高潮。

接下来看看货币政策。

今年的CPI出现了显著的上涨，11月份甚至达到4.5%，创出了近年来的新高。虽然表明看起来有通胀的压力，但更多是由于猪肉价格异常上涨所导致，扣除猪价的影响，今年甚至出现了局部通缩。2019年，全球进入了负利率时代，美元也步入降息周期，在宽松的外部环境下，我们也没有理由自我加压。当然，也不会出现大水漫灌，但定向降准在2020年仍然具有很高的确定性，所以，货币层面来看，明年的A股市场应该不会出现流动性收紧的状况。

最后我们来看一些重点行业和板块。

2019年，消费和科技是市场表现最好的两条主线，特别是相关的白马股，很多都在今年持续创出了历史新高。那么在未来，白马股行情是否还会持续下去？事实上，个人观点，在人民币资产国际化的大背景下，白马股不仅在明年会持续坚挺，在未来很长一段时期都会成为主流资金的核心配置。虽然很多白马股相较于几年前已经没有了估值优势，但在中国目前普遍行业集中度大幅提升的历史阶段，行业龙头在未来保持高增长的确定性仍然很高，短期的估值压力在未来会逐步减小，从长周期来看，仍然是资产配置的优先选择。

大消费领域的投资价值毋庸置疑，但标的选择的难度在增加，特别是对于细分领域的市场规模和增速，要给予高度关注，避免陷入短期的行业拐点。

科技领域国产化和自主可控的替代效应将会持续显现，科技股的延续性也将更强。中美贸易对抗带来了科技行业的价值重估，而这一历史进程在未来3~5年内都不会结束。但最有可能跑出来的不是所谓的概念选手，而是已经取得行业地位的国内龙头。

医疗大健康是长周期赛道，老龄化叠加消费升级，会让行业增长一直持续下去，虽然不会有百米冲刺一样的爆发，但会像马拉松一样有韧性和持久。带量采购确实对行业影响很大，但对于真正的头部选手来说，通过这样的行业洗牌，反而能够肃清竞争对手，打开发展空间。

制造业在今年第四季度有了复苏迹象，特别是和基建相关的，如工程机械行业，表现抢眼。但整体来看，制造业仍然较为低迷，特别是汽车，在行业进入下行拐点的背景下，个股一般也很难有好的表现。但新能源汽车，从能源安全的战略角度来看，国家对石化能源进行替代的意志非常明确，未来期待会有脱颖而出的头部选手。至于资源和周期股，在2020年会有所改善，出现了一些从底部反弹的迹象，但从全球视角和更大的时间框架来看，中国经济长期增速的回落几乎不可避免，所以即使上涨，空间也不会太大，仓位配置上，个人建议不作为重点。

2020年是整数年，也是闰年，大家往往会对这样的年份抱有更多的期待。作为普通的投资者，我们不知道美国大选的结果，也控制不了中美贸易战的走向，但我们可以知道身边越来越多的人在点外卖，越来越多的手机在成为国产品牌，中国的高铁正在越修越快，全世界的中国货仍然无可替代。在这个充满不确定性的世界里，把握我们可以确定的信息和逻辑，是投资者安身立命的长期保障。期待风调雨顺，不如安营扎寨，我们不知道明天会不会下雨，但至少可以让自己变得更强壮些。对于所有资本市场的从业人员来说，希望2020是个好年景，更希望每一位做投资的朋友，可以找到自己的财富之田，付一分耕耘，得一分收获!

祝福2020，好运2020！

2020年股市结语

2020-12-31

终于等到了这一天，让全世界都为之不安的2020年，该和我们说再见了。很少有人会想到，在这样一个充满黑天鹅的年份里，A股竟然会以几乎收在年内最高点的方式宣告结束。

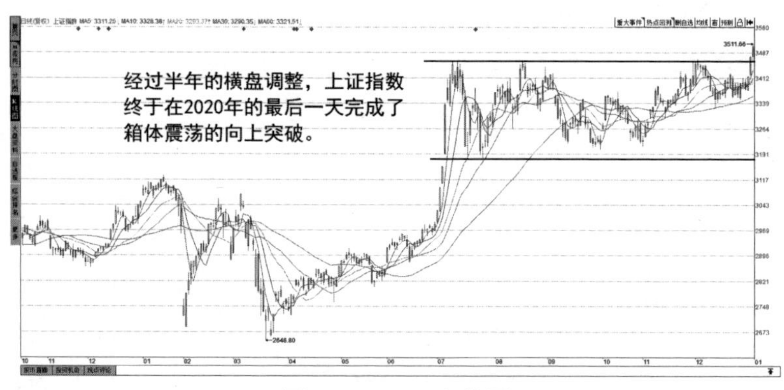

图3-3　2020走势图

数据来源：同花顺iFinD。

从年初到年尾，2020年就像是一部跌宕起伏的大戏（见图3-3），不断给人类制造着一个个意外和惊悚。而中国股市也同样在2020年经历了过山车般的大起大落，令众多投资者无所适从。

正当大家在年初对2020寄予期待的时候，新冠肺炎疫情的突然爆发让所有的预测和展望都彻底归零，春节长假之后，上证直接以几乎跌停的方式昭示了即将到来的血雨腥风。经过短暂的反弹之后，市场在第一季度创出了年内的新低2646点，但之后令许多人出乎意料的是，A股在全球开始陷入疫情引起的大萧条时，却率先从底部爬了起来，并在7月份创出了3458点的年内新高，从低点算起来，涨幅超过了30%。之后市场进入了长时间的宽幅震荡，在3100点上方构筑了近半年的横盘中继，虽然期间几次尝试突破3458点，都无功而返，但最终在2020年的最后一个交易日，以创出年内新高的方式，完成了对震荡区间的突破。从形态上看，指数已经打开了上行空间，这也让我们对2021年的股市行情有了更多的期待。

相较于A股，今年的全球市场更是跌宕起伏，特别是美股，很多时候的走势都出乎投资者的预料。年初刚刚发生疫情的时候，谁也没有想到会对美股造成如此大的影响，短期的大幅下跌让巴菲特都直呼活久见，让牛气了十一年的美国股市终于低下了头。但随着疫情的演变，正当几乎所有人都认为美股将会陷入漫长的熊市之时，市场却出人意料地走出了调整，并且不断地创出历史新高，从低点到高点来算，美股在年内走出了翻番行情，让很多人大跌眼镜。事实上，这轮牛市主要的驱动力并不是实体经济，而是联储为了救市而无底线的大放水，直接推升了全球的通胀水平，而实体经济的萧条又使得优质资产凸显出了稀缺性，以至于大量的超发货币涌入了为数不多的指标股，使得美股指数走出了前所未有的大牛市。

事实上，这一特征在其他市场包括A股都得到了充分体现。今年以来，A股市场当中的优质资产，不仅受到了国内投资者的青睐，更受到了海外投资者的追捧。

2020年最大的事件显然是疫情。这场突如其来席卷了全球的瘟疫，不仅造成了众多的人间悲剧和医疗灾难，更是对人类的生活方式，甚至旧有的国际秩序造成了巨大的冲击。目前来看，我们还无法全面评估这场疫情对全球的影响，但站在更长的时间维度，新冠肺炎疫情将注定成为改变世界格局的重大历史事件。

对于中国来说，2020年可以称之为“牌桌之年”。年初的时候，谁都不会想到，在年终盘点单上，中国居然创造了历史上最高的进出口贸易纪录，11月的增速甚至达到了惊人的21%。无论已完成工业化的西方民主国家如何对中国百般刁难，羡慕嫉妒恨，都不可否认中国已然成为它们强大的竞争对手，而这一历史进程由于疫情的到来而得以加速。当今世界，真正的全球超级牌桌并不是联合国，而是G7（七国集团），这是真正在全世界拥有硬实力的超级俱乐部。过去中国只是一个第三世界的发展中国家，压根没有上台的机会，但2020年之后，无论你愿不愿意承认，世界格局和国际秩序都由于中国的崛起而发生了彻底的颠覆。曾经的全球老大美国在特朗普治下被折腾得元气大伤，而中国借助抗疫的成果迅速上位，虽然我们暂时的影响力还不及美国，但从动态来看，美国的江河日下和中国的百尺竿头却是不争的事实。在看得见的未来，全世界仍然要高度依靠中国与疫情作斗争，而全球事务如果没有中国参与，将必然被非主流化，因此，无论算不算G7的成员国，中国已然成为超级俱乐部牌桌上的一员。

中国的硬实力并不是来自拉帮结伙，而是来自强大的供给产出能力。虽然中国的GDP只有全球的16%左右，但中国的整体工业产出能力已经占据了全球的35%以上，而在看得见的未来，由于疫情的长期影响，中国仍将会持续扩大在供给侧的领先优势。很多人认为中国经济的增长来自强大的内需，事实上，需求只是决定了经济规模，而供给却决定了经济增长，这个规律在中国过往40年的经济发展中得到了最好的验证。

在中国，关于投资对于经济的拉动一直以来都存在争议，很多人认为当前体制下宏观经济政策中采取了太多的投资拉动措施，这一刺激作用是不可持续的，更多还是要靠刺激消费来实现经济的增长。事实上，投资和消费在同一时点不可能同时满足，就像一个家庭，买了车的钱，就不可能再去做生意，所以增加消费就意味着缩减投资，而长期来看，经济增长的本质驱动力来自生产，消费的增加虽然短期会带来经济的活跃，但长期来看却降低了储蓄率，抑制了经济增长。事实上，需求并不需要去创造，只需要去满足，无非是提前还是延后的问题，所以，暂时的消费延迟，恰恰是在为未来更多的消费创造条件。一个当下买了车的家庭，就丧失了潜在等量的投资能力，但如果把买车的钱用于投资，三年后不仅可以拥有更多的财富，也可以买到更好的汽车。所以，靠消费来拉动经济增长是本末倒置，放眼全世界，没有哪一个国家可以通过消费驱动来获得更快的GDP增长，真正的增长引擎还是投资驱动，这也是过去40年中国经济高速增长的核心动力。简单来讲，消费增长是经济增长的结果，而不是原因。更确切地说，当期的消费增长来自往期的投资增长，投资增长驱动经济增长，而经济增长又推动了消费增长，循环往复，更多的物质财富才得以被创造，经济活动才被不断地推向更加繁荣。

2020年，美国在不断退群甩锅，而中国却在不断地拥抱世界，大幅扩大朋友圈，从RCEP（区域全面经济伙伴关系协定）到中欧投资协定，中国正在迅速填补全球老大失位的真空期。从2019年开始，我们就经常听到一种悲观的说法，由于中美贸易冲突，全世界将会进入全面的“去中国化”，特别在疫情刚刚爆发的时候，这种说法得到了广泛的附和。但事实上，随着全世界在疫情面前的节节溃败和中国的率先突围，全球产业链反而在不断强化对于中国供应链的依赖，所谓的“去中国化”成了不折不扣的纸上谈兵，好多国家都是跟着美国赚吆喝，但身体却是诚实的，毕竟在疫情面前，口罩比美元更好用。随着拜登的上台，中美之间的剑拔弩张会得到暂时的缓解，而全球的抗疫重任仍然离不开中国的鼎力支持，所以，展望2021年，反而有望成为中国近些年来外部发展环境最为缓和的一年。

回顾2020年中国的资本市场，技术层面来看，最重要的改变来自对于上证指数计算方式的调整和新的退市政策的实施。事实上，上证综指早已不能够有效反映中国资本市场的实际情况，虽然3000点十年未动，但代表中国经济发展核心资产的股价早已今非昔比，指数的失真效应非常明显。从今年开始，上证综指实行了新的计算方式，将科创板的某些指标股也纳入了统计，同时对大量的ST股票进行了删除，这意味着困扰了上证指数多年裹足不前的技术性障碍得以清除，未来的指数更能够有效反映经济基本面的真实状况。另一方面，新的退市政策更加的市场化，将退出机制的决定权大部分交给了市场本身，一旦市值和流动性不能够达到要求，就会触发退出，而不是由管理层来进行决定，这对中国资本市场的代谢优化提供了基础性保障，使得A股市场对于优质资产的筛选能够更加完善和具有效率。

从资产端来看，2020年创业板全面注册制的实施，启动了新兴资产引领资本市场的新纪元，一大批代表未来产业方向的上市公司正在迅速成为A股的核心资产，受到资本的普遍追捧。从新能源汽车到光伏，碳中和概念带来的巨大市场预期，使得中国有望引领全世界的新能源革命，而经过多年努力形成的强大的产出能力，又有力保障了中国在未来十年全球新能源供给端的领先地位。这一逻辑，正在中国制造业的各行各业中不断地强化和印证，同时给全球资本带来巨大的投资机会。

伟大的时代，要和伟大的公司同行。A股市场的投资者，如果依然后知后觉，不清楚历史发展的潮流，不是选择坚定地和中国的核心资产站在一起，只是把股票市场当成投机炒作的赌场，那么将注定和中国的国运无缘。

今年的中央经济工作会议对中国2020年取得的成就给予了极高的肯定，称之为“人民满意，世界瞩目，可以载入史册的中国答卷”。而展望2021年，是“十四五”的开局之年，也是中国共产党百岁生日，中国将要站在一个更新更高的起点之上迈入建设社会主义现代化强国的历史时期。

从宏观经济来看，相较于2020年，2021年中国实现高速增长的确定性极高，这个确定性一方面来源于新冠肺炎疫情对全球经济的反复冲击，中国作为唯一的抗疫成功的经济体，将会迎来全球需求对中国供应链的高度依赖；另一方面，美国大选的尘埃落定，使得全球地缘政治最大的不确定性消失，美国将全面进入拯救经济的历史阶段，货币政策的放水几乎可以肯定会继续突破底线，这将使得中国不得不谨慎面对人民币升值的压力，在货币从紧政策选项上趋于保守。普遍的预测，明年中国的GDP增速将会达到8.5%以上。

在这样的经济增速预期之下，2021年的资本市场仍然处于景气周期之中，A股核心资产将继续引领世界，成为全球资本追逐的热点。无论是科技制造还是医药消费，龙头企业将会继续享受中国高速成长的红利。需要引起注意的是，短期来看，由于中美关系的缓和，使得之前受到追捧的国产化替代相关资产可能会出现短暂的回调，但长期来看，反而是投资者对其中龙头企业进行长线布局的极好的窗口期。

2020年终于过去了，无论对于个人和国家来说，这都是不同寻常的一年。冬至已过，新年将来，白昼又在一天天变长，阳光也开始给大地带来更多的滋养，此刻，希望世界安宁，否极泰来，在新的一年里，每一位朋友都能够心有所往，不负韶光。

告别2020，迎接2021。

后　记

本书付梓之际，我正在遭遇人生当中一场病痛的折磨，期间百般滋味，实在难以言说。

投资是一场人生的修行，所有关于人性的理解，都可以在资本市场中找到注脚。多年来，我看过了市场太多的潮起潮落，也经历了多次人生的高峰低谷。对于投资，自觉认知有了长足的进步，但内心深处，却永远存有敬畏。投资也是人生最后一份职业，能够在兜兜转转多年后，成为一名职业投资人，是我个人职业生涯最大的幸运。能够找到自己一生所热爱的事业，无疑是一件幸福的事情。本书的写作目的之一，也是希望对有志于从事投资行业的朋友，提供一些自我实证的建议和参考。

很多朋友希望通过资本市场实现财务自由，事实上，自由在于内修而不在外寻。人生无往不在枷锁之中，苦集灭道，所谓的自由，无非是自我内心的感受。做好投资并不意味着仅仅追求财富，而更在于人格的完善，自我实现的满足。

感谢最好的合作伙伴胡女士和尤先生在我人生低谷之时给予的倾情相助，你们的善良和真诚给了我重新面对困难的勇气，正因为你们的支持和鼓励，才有了本书的顺利出版。人生能有你们这样的朋友，实在是万幸之事。

感谢家人最无私的关心和付出，一个人只有在真正困难的时候，才会知道家的温暖有多么重要。

感谢好兄弟啃哥张驰在百忙之中为本书作序，你是我见过最正直最勤奋的投资人。相信你的未来，绝对不止于现在的精彩。

还要感谢中国市场出版社的辛慧蓉女士以及其他工作人员的辛勤付出。因为有了你们的专业支持，才使本书能以如此优雅的姿态呈现在读者面前。

最后，感谢这个伟大的时代，能够成为中国崛起和复兴的见证者，也是我们一代人的幸运。

就此搁笔，祝君顺遂。

崔　波

2021年2月